585 der Besten Kinder Witze
für freche Jungs und Mädchen
ab 7 Jahren

lustige Sprüche, Witze und Scherzfragen zum
kichern und weiter erzählen

3. Auflage

Copyright © 2020 – Lollipop Sisters

Alle Rechte vorbehalten

ISBN: 9798624216020

Inhaltsverzeichnis

Einleitung

Du möchtest deine Freunde gerne zum Lachen bringen, ihnen lustige Fragen stellen und Spaß mit ihnen haben? Du bist der Spaßvogel in deinem Freundeskreis und möchtest deinen Horizont bezüglich der Scherzfragen, Sprüche und Witze erweitern? Dann bekommst du hier eine sehr große und vor allem gute Auswahl an den unterschiedlichsten Sprüchen, Witzen und Scherzfragen. Egal, für welche Situation du den passenden Spruch suchst – mit der folgenden Auswahl hast du für jede Situation auf jeden Fall den richtigen Spruch parat.

Ganz egal, ob es sich um Berufe, um den Verkehr, um Tiere oder auch um die Schule handelt – du hast hier eine kunterbunte Auswahl, aus welcher du wählen kannst. Das einzige Problem, welches du nun noch zu bewältigen hast, besteht darin, nicht lauthals loszulachen, während du die Scherzfrage stellst oder den Spruch oder den Witz erzählst. Denn eins sei dir garantiert – das Buch bringt eine geprüfte Spaßgarantie mit sich, welcher niemand entkommt.

Magst du es gerne knifflig? Siehst du deinen Freunden gerne dabei zu, wie sie sich die Schweißperlen von der Stirn wischen, während sie auf der Suche nach der passenden Antwort sind? Liebst du den gespannten Blick in den weit aufgerissenen Augen deiner Freunde, während sie deinem Witz folgen und am Schluss in Lachen ausbrechen?

Dann wappne dich hier mit den passenden Requisiten und werde deiner Rolle als Spaßvogel gerecht. Vergiss dabei nie – es gibt nichts Schöneres zu lachen und andere zum Lachen zu bringen. Mit diesem Buch vereinst du beides. Auf der einen Seite wirst du um das Schmunzeln und Lachen während des Lesens nicht herumkommen und auf der anderen Seite wirst du auch anderen Menschen ein großes Lachen ins Gesicht zaubern. Denn – Lachen macht bekanntlich fröhlich, hält jung und gesund!

Scherzfragen

Berufe

Es gibt Berufe, bei welchen die Arbeiter von der Hand in den Mund leben. In welchem Beruf ist das der Fall?
- Bei dem Zahnarzt.

Was finden die Briefträger an dem Spruch „Hunde, die bellen beißen nicht" so schlimm?
- Die Tatsache, dass kaum ein Hund diesen Spruch kennt.

Von Luft kann man nicht leben? Doch – es gibt Leute, welche von dem Rauch leben. Welche Leute sind das?
- Schornsteinfeger.

Was ist ein Sandwich, wenn es von einem Professor gemacht wird?
-Wissenschaftlich belegt.

Eine Konservendose zu öffnen gestaltet sich nicht immer als einfach. Wie öffnet ein Polizist eine Konservendose?
- Ganz einfach. Er ruft: „Aufmachen, Polizei!"

Ein Dichter drückt seine Emotionen und Impressionen mit Worten aus. Doch, was kann auch der beste Dichter nicht in Worten ausdrücken?
- Einen nassen Schwamm.

Wenn dich die Feuerwehr mit ihrem Fahrzeug retten möchte, muss es sich auf funktionierendes Zubehör verlassen können. Unter dem Zubehör befinden sich Leitern. Doch es gibt Leitern, welche die Feuerwehr nicht nutzen kann. Um welche Leitern handelt es sich?
- Um Tonleitern.

Bedienungen in einem Restaurant bedienen ihre Kunden. Es gibt jedoch ein paar Kunden, welche die Bedienungen nicht bedienen. Welche Kunden sind das?
- Die Sekunden.

Als Postbote muss man nicht nur ein Gespür für Straßen und die Umgebung haben, sondern man muss auch eine bestimmte Schrift lesen können. Um welche Schrift handelt es sich?
- Um die Anschrift.

Eine Putzfrau fährt im Urlaub nach Ägypten und nimmt dort an einer Führung durch die Wüste teil. Was macht sie dort?
- Staubsaugen.

Was ist das Lieblingsgetränk eines jeden Chefs?
- Leitungswasser.

Dein Arzt verschreibt dir viele unterschiedliche Pillen, um dir zu helfen, wenn du krank bist. Eine Art der Pillen verschreibt er allerdings nicht. Um welche Pillen handelt es sich?
- Um die Pupillen.

Mit einem Thermometer kannst du Fieber messen, wenn es dir schlecht geht. Welches Fieber kannst du nicht messen?
- Das Lampenfieber.

Ein Bäcker und ein Teppich unterscheiden sich in einer ganz bestimmten Sache. Worin besteht der Unterschied?
- Der Bäcker muss seinen Wecker früh stellen und um 4:30 stellen. Der Teppich hingegen muss nicht aufstehen und darf liegenbleiben.

Du bist krank und gehst zum Arzt. Damit es dir schnell wieder besser geht, verschreibt er dir drei unterschiedliche Pillen. Du sollst diese aber nicht zusammen einnehmen, sondern alle halbe Stunde. Wie viel Zeit vergeht, bis du alle drei Pillen eingenommen hast?
- Es dauert eine Stunde. Die erste Pille nimmst du direkt ein. Nach einer halben Stunde schluckst du die zweite Pille. Dann wartest du eine weitere halbe Stunde ab und nimmst dann die dritte Pille. Somit vergeht in der Summe eine Stunde.

Ein Mann arbeitet 8 Tage am Stück, ohne dabei zu schlafen. Wie kann er das schaffen?
- Er schläft einfach in der Nacht.

Der Kunde ist König und die Bedienung in einem Restaurant bedient die Kunden. Es gibt aber Kunden, welche die Bedienung nie bedient. Welche Kunden sind das?
- Die Urkunden.

30 Bauarbeiter bauen eine Villa. Dafür haben sie insgesamt 10 Monate gebraucht. Wie lange dauert es jetzt, wenn nur 15 Männer dieselbe Villa bauen wollen?
- 0 Sekunden. Die 30 Männer haben die Villa doch schon gebaut.

Detektive machen ihre Arbeit sehr gut. Es gibt jedoch einen Fall, welchen kein Detektiv lösen kann. Welcher Fall ist das?
- Der Wasserfall!

Ein Mathelehrer und ein Arzt haben eine Gemeinsamkeit. Beide kümmern sich um die Behandlung einer bestimmten Sache. Worum handelt es sich bei dieser?
- Um einen Bruch.

Was macht der Polizist mit einer Schere in seiner Tasche?
- Er schneidet den Dieben den Weg ab.

Warum haben Polizisten immer einen Stift in ihrer Tasche dabei?
- Damit sie den Verbrechern einen Strich durch die Rechnung machen können.

Wenn du einen Polizisten in einer roten Uniform siehst, wie kann du ihn dann nennen?
- Red bull.

Wenn man das O aus dem Postboten herauslässt, wie sagt man dann?
- Briefträger.

Wie nennt man einen japanischen Polizisten?
- Lang-fing-fang.
Und wie nennt man den Diensthund des japanischen Polizisten?
- Lang-fing-fang-wau

Essen und Trinken

Wenn sich ein Keks unter einen Baum setzt und dort sitzen bleibt. Wie nennt man das?
- Ein schattiges Plätzchen.

Weißt du, welche Pilze man essen kann, nachdem man sie im Wald gesammelt hat?
- Essen kann man sie alle. Einige von ihnen aber eben nur ein einziges Mal.

Obst wird faul, wenn du es zu lange liegen lässt, ohne es zu essen. Es gibt aber eine Birne, welche nie faul wird. Welche ist das?
- Die Glühbirne.

Unter all den Gemüsesorten gibt es ein Gemüse, welches es liebt zu lachen und immer lustig ist. Welches Gemüse ist das?
- Die Kichererbse.

Mit Gabel und Messer kannst du dein Essen zu dir nehmen. Es gibt aber eine Gabel, mit welcher du nicht essen kannst. Um welche Gabel handelt es sich?
- Um die Heugabel.

Lehrer schreiben Dinge auf eine Tafel, um sie zu veranschaulichen. Aber, auf welche Tafel kannst du nichts schreiben?
- Auf die Schokoladentafel.

In einer Küche bereitest du dir dein Essen zu. Doch in einer Küche kannst du nicht kochen. Um welche Küche handelt es sich?
- Um die Gerüchteküche.

Es gibt Milch mit einem hohen Fettanteil und Milch mit weniger Fett. Welche Milch ist nicht schlank?
- Die Dickmilch.

Unter all den leckeren Kuchen gibt es eine Kuchensorte, welche du nicht essen kannst. Um welche handelt es sich?
- Um den Pustekuchen.

Gebäck ist nicht nur lecker, sondern es gibt auch ein bestimmtes Gebäck, welches auf alles eine Antwort hat. Welches Gebäck ist das?
- Der Google-Hupf.

Es gibt Brot, welches du nicht zu jeder beliebigen Tageszeit essen kannst. Schon gar nicht, wenn es sich um das Frühstück handelt. Welches Brot ist das?
- Das Abendbrot.

Was hat eine braune Farbe und klebt an der Wand?
- Ein Klebkuchen.

Eine Zitrone rollt durch die Gegend. Plötzlich hört sie auf zu rollen und bleibt einfach mitten auf dem Weg stehen. Wieso?
- Ihr ist der Saft ausgegangen.

Was ist grün und klopft von außen an deine Tür?
- Ein Klopfsalat.

Vegetarier essen kein Fleisch. Allerdings gibt es auch ein Gemüse, welches die Vegetarier nicht essen. Um welches Gemüse handelt es sich?
- Um die Fleischtomate.

Es gibt einen Kopf, welcher weder Augen, noch Ohren hat. Auch Nase und Mund sind bei ihm nicht vorhanden. Um was für einen Kopf kann es sich wohl handeln?
- Um den Kopfsalat.

Anna ist mit ihren Freunden am See und springt ins Wasser. Was ist mit Anna passiert?
- Sie ist zur Annanass geworden.

Watte kannst du in der Regel nicht essen. Dennoch gibt es eine ganz besondere Watte, welche du essen kannst. Welche Watte ist das?
- Die Zuckerwatte.

Während du auf einem Tisch essen kannst, gibt es einen Tisch, welchen du sogar essen kannst. Welcher Tisch ist das?
- Der Nachtisch.

Süße Äpfel, saure Äpfel, mehlige Äpfel, saftige Äpfel – sie schmecken alle gut. Allerdings gibt es einen Apfel, welcher absolut nie schmeckt.

Warum heißen die Teigwaren eigentlich Teigwaren?
- Weil sie vor dem Backen im Ofen einst einmal Teig waren.

Was ist klein und grün und liegt tot in einem Grab auf dem Friedhof?
- Ein Sterbschen.

Wer ist braun, kross, hat es in sich und ist ein Massenmörder?
- Das Mordeaumbleu.

Worum handelt es sich bei einer roten Sache mit schwarzen Streifen?
- Um eine reife Tomate mit Hosenträgern.

Worum handelt es sich bei einem weißen Gegenstand, welcher ein Loch in seinem Po hat und im Dampfbad sitzt?
- Um ein Ei im Eierkocher.

Worum handelt es sich bei einer gelben Sache, welche durch die Luft fliegt?
- Um eine Zidrohne.

Wenn du eine Coca-Cola zusammen mit einem Bier trinkst – was passiert dann?
- Du kollabierst.

Feigen schmecken in der Regel gut und sind ein leckeres Obst. Doch einige Feigen sind nicht besonders angenehm zu genießen. Welche?
- Die Ohrfeigen.

Wenn du Nudeln in einen Topf mit heißem Wasser gibst und sie in diesem kochst, blubbert das Wasser. Wieso?
- Weil die Nudeln im Wasser pupsen.

Was machen die Erwachsenen an Weihnachten?
- Auf den Wein achten.

Es gibt unter den Früchten eine Frucht, welcher es an Mut fehlt. Um welche Frucht handelt es sich?
- Um die Feige.

Dracula ernährt sich nicht nur von Blut, sondern er legt Wert auf eine gesunde und ausgewogene Ernährung. Dazu gehört auch Obst. Welches ist Draculas Lieblingsobst?
- Blutorangen.

Wenn ein Idiot beim Italiener anruft, um sich dort etwas zu Essen zu bestellen – was bestellt er sich dann?
- Trottellini.

Wie lautet die genaue Bezeichnung der Steigerung von dem Begriff „Buchstabensuppe"?
-Wörtermeer.

Welcher Apfel ist das?
- Der Pferdeapfel.

Ein Gärtner möchte einen Gemüsegarten anlegen. Für diese Zwecke hat er viele unterschiedliche Gemüsegarten zur Auswahl. Doch, was setzt er wohl zuerst in seinen neuen Gemüsegarten?
- Seine Füße

Was hat eine grüne Farbe und betrachtet dich die gesamte Zeit über durch das Schlüsselloch in deiner Haustür?
- Ein Spionat.

Eine Waffel möchte einen Mord begehen und braucht für diese Zwecke noch eine Waffe. Woher nimmt sie sich die Waffe?
- Aus der Waffelkammer.

Wie kann man einen Toten wieder zum Leben erwecken?
- Mit einem Lebkuchen.

Körper und Sinne

Wenn Skelette lügen, erkennst du das sofort. Woran liegt es, dass Skelette so schlecht lügen können?
- Du kannst sie einfach durchschauen.

Die Nase ist dein Riechorgan, mit welchem du Gerüche wahrnimmst. Es gibt jedoch jemanden, der ohne Nase riecht. Wer ist das?
- Der Stinkekäse.

Fragen kannst du normal entweder mit „Ja" oder mit „Nein" beantworten. Eine Frage kannst du jedoch nie mit „Ja" beantworten. Welche Frage ist das?
- Die Frage „Schläfst du schon?"

Mit deinen Ohren kannst du hören. Allerdings gibt es ein Ohr, mit welchem du nichts hören kannst. Welches Ohr ist das?
- Das Eselsohr.

Du hast zwei Arme. Welcher Arm macht den größten Krach?
- Der Alarm.

Eine Sache, welche du zwar mit deinen Augen sehen, mit deinen Händen aber nicht anfassen und greifen kannst…
- Der Nebel.

Wer trägt eine Brille und kann trotzdem nichts durch diese sehen und bleibt weiterhin blind?
- Die Nase.

Es gibt jemanden, der immer zuhört und alles mithört, aber nie ein Wort von sich gibt. Wer ist das?
- Dein Ohr.

Mit zwei funktionierenden Beinen kannst du laufen. Allerdings gibt es jemanden, der auch mit zwei Beinen nicht laufen kann. Wer ist das?
- Eine Hose.

Wenn du teilen möchtest, zu derselben Zeit aber auch etwas für dich behalten möchtest, ist das einfach. Denn es gibt eine Sache, welche du im gesamten Umfang für dich behalten und gleichzeitig jemand anderem geben kannst. Was ist das?
- Eine Grippe, welche anstrengend ist.

Zähne sind scharf und du kannst mit ihnen beißen. Ein Zahn jedoch ist vollkommen harmlos und beißt nicht. Welcher Zahn ist das?
- Der Löwenzahn.

Worauf sitzt du, schläfst du womit putzt du dir deine Zähne morgens und abends?
- Ganz klar: Auf einem Stuhl, in einem Bett und mit einer Zahnbürste.

Wer hat keinen Mund und trotzdem ganz viele kleine und scharfe Zähne?
- Die Säge.

Es gibt jemanden, der kann laufen, ohne dafür Füße zu haben oder zu brauchen. Was ist das?
- Eine erkältete Nase.

Wenn sich ein Schlumpf stößt, was sagt er dann?
- Och ne, schon wieder ein blauer Fleck!

Was hat eine rote Farbe und ist sehr schlecht für die Zähne?
- Backsteine.

Wer trägt eine große Brille und kann trotzdem nichts sehen?
- Die Toilettenschüssel.

Eine Brille ist nicht immer eine Brille. Welche Brille ist eine Brille, zu derselben Zeit aber keine richtige Brille?
- Die Klobrille.

Um Wunden zu verarzten, kannst du auf Pflaster zurückgreifen.
Allerdings gibt es einige Pflaster, welche nicht auf Wunden
gehören. Welche Pflaster sind das?
- Straßenpflaster.

Du kannst eigentlich alles in Worten ausdrücken. Es gibt aber
eine Sache, welche du nie in Worten ausdrücken können wirst.
Was für eine Sache ist das?
- Ein nasser Schwamm. Für den brauchst du schon deine Hände.

Es gibt Männer, die kein Gehör haben. Um welche Männer
handelt es sich?
- Um Schneemänner.

Augen können sehen. Einige können aber auch fliegen. Um welche Augen handelt es sich?
- Um Pfauenaugen.

Hüte sind dafür da, damit du sie auf deinem Kopf tragen kannst. Es gibt einen Hut, welchen du nicht auf deinem Kopf tragen kannst. Welchen?
- Den Fingerhut.

Kannst du aus voller Kehle singen? Es gibt eine Kehle, welche keinen Ton hervorbringt. Welche Kehle ist das?
- Die Kniekehle.

Ich habe in der Anzahl 21 Augen. Trotzdem kann ich nichts sehen. Wer bin ich?
- Ein Würfel.

Eine warme Jacke hält dich warm und kuschelig. Aber, was hält dich noch wärmer als eine warme, dicke Jacke?
- Zwei Jacken.

Natur und Umwelt

Rosen, Tulpen, Nelken – alle Blumen welken. Oder? Es gibt bestimmte Rosen, welche nicht welken. Um welche handelt es sich?
- Um die Matrosen.

Wenn du fällst, tust du dir weh. Es gibt aber jemanden, der sich nicht fällt, auch wenn er von ganz weit oben fällt. Wer ist das?
- Der Schnee.

Eine Sache, welche den ganzen Tag und die ganze Nacht über brennt, ohne sich dabei selbst zu verbrennen, ist…?
- Die Brennnessel.

Um zu Springen brauchst du deine Füße. Es gibt aber jemanden, der keine Füße zum Springen braucht. Wer ist das?
- Der Springbrunnen.

Sie geht ohne Probleme über das Wasser und wird dabei nicht nass. Wer ist das?
- Die Brücke.

Welche Sache nimmt immer wieder ab und dann immer wieder zu?
- Der Mond.

Pilze wachsen im Wald und du kannst dich auf die Suche nach ihnen begeben. Allerdings gibt es einen Pilz, welchen du nicht sammeln kannst. Welcher Pilz ist das?
- Der Glückspilz.

Beim Wandern kommt ab und zu ein Stock zum Einsatz. Es gibt einen Stock, welcher sich nicht zum Wandern eignet. Um welchen Stock eignet es sich?
- Um den Schraubstock.

Welchen Stock kannst du nicht nutzen, wenn du in die Berge gehst, um dort wandern zu gehen?
- Das Stockwerk.

Wenn im Herbst die Blätter an den Bäumen bunt werden und anschließend fallen, gibt es eine Art des Laubs, welches nicht vom Baum fällt. Welches Laub ist das?
- Der Urlaub.

Im alten Rom lebten viele Männer und Frauen. Ihre Tuniken sind bekannt, doch wie sieht es mit der Haarfarbe aus? Welche Haarfarbe hatten die alten Räumer?
- Grau.

Es gibt eine Sache, welche alle Sprachen beherrscht und dir in jeder Sprache, in welcher du mit ihr sprichst, antwortet. Während sie spricht, braucht sie jedoch keinen Mund und, obwohl sie dich hört, hat sie keine Ohren. Worum handelt es sich?
- Um das Echo.

Wenn du dir die Sonne ansiehst, wirst du feststellen, dass sie eine gelbe Farbe hat. Wieso ist das so?
- Weil sie zu viele Bananen gegessen hat.

Wenn du in den Himmel blickst, dann kannst du sehen, dass der Mond an einigen Tagen eine blaue Farbe hat. Wieso?
- Weil er zu viele Blaubeeren gegessen hat.

Wer bin ich? Ich verfüge über einen großen und weiten Ozean. Zur gleichen Zeit habe ich aber kein Wasser und bin auch nicht nass?
- Eine Weltkarte.

Was steckt tief in der Erde und stinkt ganz fürchterlich?
- Eine Furzel.

Am Himmel siehst du im Dunkeln viele Sterne. Welchen Stern kannst du jedoch nicht am Himmel sehen?
- Den Seestern.

Worum handelt es sich bei einer orangenen Sache, welche den Berg hinaufläuft und dabei „Das Wandern ist des Müllerslust singt?"
- eine Wanderine.

Was ist braun und läuft mit einem Korb und rotem Käppchen durch den Wald?
- Das Brotkäppchen.

Worum handelt es sich bei einem grünen Ding, welches auf der Toilette sitzt?
- Um einen Kaktus.

Einige Bilder kannst du am Tag sehen. Andere Bilder kannst du hingegen nur im Dunkeln sehen. Um welche Bilder handelt es sich?
- Um die Sternbilder.

Wasser ist flüssig. Es gibt aber eine Sache, welche flüssiger ist. Um welche handelt es sich?
- Um Hausaufgaben. Die sind vollkommen überflüssig.

Es gibt einen Baum, welcher die typischen Merkmale und Kriterien eines Baumes nicht erfüllt. Er hat weder Wurzeln noch Äste und auch keine Blätter. Welcher Baum ist das?
- Der Purzelbaum.

In Nationen leben Menschen. Es gibt jedoch eine Nation, in welcher keine Bürger leben. Um welche Nation handelt es sich?
- Um die Kombination.

Wenn du in einem Kino nicht sitzen kannst, kann es schnell ungemütlich werden. Trotzdem gibt es ein Kino, welches keine Sitzplätze hat. Welches Kino ist das?
- Das Daumenkino.

Unter welchem Namen ist ein Bumerang bekannt, welcher nicht mehr zurückkommt?
- Stock

Ich liege gerne am Strand oder auch im Wasser und ich habe einen kleinen Sprechfehler. Wer bin ich?
- Eine Nuschel.

Wenn eine Wolke das Gefühl hat, dass es sie juckt, was macht sie dann?
- Dann fliegt sie zu einem Wolkenkratzer.

Zwischen der Erde und dem Mond liegt eine sehr große Distanz. Wie viele Leitern brauchst du, um von der Erde zum Mond zu gelangen?
- Nur eine. Vorausgesetzt dem Fall, sie ist lang genug.

Wenn du dir den Mond einmal genauer ansiehst, stellst du fest, dass er blass ist. Aber wieso ist er so blass?
- Er ist müde, weil er so viele schlaflose Nächte hinter sich hat.

Glocken geben in der Regel einen Laut/eine Melodie von sich. Welche Glocken geben keinen Laut von sich?
- Die Maiglöckchen oder auch die Schneeglöckchen.

Viele denken, dass es unmöglich ist, auf Wasser zu gehen. In der Tat gibt es aber eine Möglichkeit, auf Wasser zu laufen. Wie sieht diese aus?
- Du wartest, bis es Winter wird und es richtig kalt wird und das Wasser des Sees gefriert.

Als Menschen den Mount Everest entdeckt haben, haben sie festgestellt, dass es sich bei ihm um den höchsten Berg der Welt handelt. Doch, welcher Berg war der höchste Berg, bevor die Menschen den Mount Everest entdeckten?
- Der Mount Everest. Die Menschen haben ihn davor einfach nicht entdeckt.

Es gibt die Erde und das Land. Doch was befindet sich genau zwischen Land und Meer?
- Das Wort „und".

Je mehr du mir etwas wegnimmst, umso größer werde ich. Was bin ich?
- Ein Loch.

Es gibt jemanden, der liegt immer auf dem Boden und wird nie dreckig – ganz egal, wie schmutzig der Untergrund auch sein mag. Wer ist das?
- Der Schatten.

Worum handelt es sich bei einer grünen Sache, welche, wie wild geworden, durch den Wald rennt?
- Um einen Rudel Gurken.
Und was ist durchsichtig und rennt diesem Rudel Gurken durch den ganzen Wald hinterher?
- Das Gurkenglas.
Worin besteht nun der Witz in diesen beiden Fragen?
- Dass Gurken Einzelgänger und keine Rudeltiere sind.

Wie lautet das Gegenteil von Japan?
- Neinpan.

Was ist das Gegenteil von Helsinki?
- Dunkelsteigi

Was hat eine braune Farbe und schwimmt unter dem Wasser?
- Ein U-Brot.

Wenn ein Loch 50 cm tief und 40 cm breit ist – wie viel Erde befindet sich dann in diesem Loch?
- Es befindet sich keine Erde mehr im Loch. Würde sich Erde darin befinden, wäre es kein Loch mehr.

Vor dem Waschen bin ich sauber und nach dem Waschen bin ich dreckig. Wer bin ich?
- Das Wasser.

Was kommt bei 7x7 heraus?
- ganz feiner Sand.

Eine weiße Sache, welche in den Bergen langsam den Berg hinaufkriecht. Was ist das?
- Eine von Heimweh geplagte Lawine.

Was befindet sich in der Mitte von Rom?
- Das O.

Tierwelt

Es gibt ein Tier, welches nicht nur schnell auf den Beinen ist, sondern auch auf den Straßen unterwegs ist. Welches Tier ist das?
- Der Jaguar.

Du kennst das Reh nur unter dem Namen „Reh"? Es hat aber auch einen Vornamen. Wie lautet der Vorname vom Reh?
- Kartoffelpü

Unter den Hunden finden ab und zu Weltmeisterschaften statt. Welche Hunde nehmen an diesen Wettkämpfen an?
- Die Boxer.

Auf welchem Pferd kannst du nicht reiten?
- Auf einem Schaukelpferd.

Mit welchem Pferd kannst du keine Ausritte machen?
- Mit einem Steckpferd.

Vögel sind, wie Menschen, traurig und auch glücklich. Doch unter all den Vögeln gibt es einen Vogel, welcher besonders traurig ist. Um welchen Vogel handelt es sich?
- Um den Pechvogel.

Ein paar Kater machen einen Wettkampf, in welchem sie herausfinden wollen, wer der stärkste ist. Wer gewinnt?
- Der Muskelkater.

Schweine leben auf einem Bauernhof in der Regel in einem Stall. Aber, welches Schwein lebt nicht in einem Stall?
- Das Sparschwein.

Es gibt einen ganz besonderen Hahn, der weder „Kikeriki" rufen, noch laufen kann. Er lebt zudem auf keinem Bauernhof und auch in keinem Stall. Welcher Hahn ist das?
- Der Wasserhahn!

Eine Schlangenart, welche weder beißt und auch gar keine giftigen Zähne besitzt ist die…?
- Luftschlange.

Wenn Tiere verstecken spielen, sucht sich jedes Tier ein anderes Versteck aus. Doch, welches Tier versteckt sich wohl in dem Kaffee?
- Der Affe.

Ein Kamel und eine Maus haben die Gemeinsamkeit beides Tiere zu sein. Doch, was ist bei dem Kamel klein und zu derselben Zeit bei der Maus groß?
- Das M.

In einem Wald befindet sich ein komisches Tier. Es steht kopfüber auf seinem Geweih und hat die Hufen in die Luft gestreckt. Während es sich in dieser Position befindet, gibt es das Geräusch „Muh" von sich. Um was für ein Tier handelt es sich?
- Um einen Hirsch, welcher gerade dabei ist, Fremdsprachen zu lernen.

Worum handelt es sich bei einer braunen Sache, welche über die Wiese hüpft und dabei raucht?
- Kaminchen.

Wenn sich ein Seeräuber nie duscht und auch nie badet und sich die Zähne nie putzt, was ist er dann?
- Ein Meerschweinchen.

Eine Maulwurffamilie beschließt schön gemeinsam essen zu gehen und begeben sich für diese Zwecke in ein Restaurant. Am Tisch kommt der Kellner, um die Bestellung aufzunehmen. Was bestellt sich die Maulwurffamilie?
- Ein 5-Gänge-Menü.

Es gibt ein Tier, welches mit dem Wort „Po" anfängt. Außerdem kannst du mit deinem Po auf diesem reiten. Was für ein Tier ist es?
- Ein Pony.

Ein Tier fliegt durch die Luft und gibt komische Geräusche von sich. Es ist klein und macht „mus mus mus". Um welches Tier handelt es sich?
- Es handelt sich um eine Biene, welche den Rückwärtsgang eingeschaltet hat.

Unter all den vielen Tieren, welche es auf der Welt gibt, gibt es große und kleine – schwache und starke Tiere. Doch, welches Tier ist das stärkste Tier?
- Die Schnecke. Sie ist dazu in der Lage ein ganzes Haus zu tragen.

Schaust du vor dem Einbruch des kalten Winters in den Himmel kannst du die Vögel dabei beobachten wie sie in den Süden fliegen. Aber, warum fliegen sie in den Süden?
- Sie fliegen, weil es zu Fuß zu weit wäre und zu lange dauern würde.

Polarbären sind Raubtiere und können demnach gut jagen. Allerdings gehören die Pinguine nicht zu ihrem Futter. Wieso ist das so?
- Die Polarbären leben am Nordpol und treffen dort nie auf Pinguine – die leben am Südpol.

Zu welcher Art der Schlangen gehört die Blindschleiche?
- Zu den kurzsichtigen!

20 Vögel sitzen gemeinsam auf einer Stromleitung. Ein Jäger kommt vorbei und sieht die Vögel auf der Stromleitung sitzen. Er holt sein Gewehr hervor, um auf die Vögel zu schießen. Er trifft drei Vögel. Wie viele Vögel sitzen jetzt noch auf der Stromleitung?
- Keiner mehr. Mit dem Schuss seines Gewehres hat er alle anderen Vögel erschreckt, sodass sie weggeflogen sind.

Vögel sind dafür bekannt, Eier zu legen. Es gibt jedoch auch Vögel, welche keine Eier legen. Um welche Vögel handelt es sich?
- Um männliche Vögel.

Pferde lieben Hafer und fressen diesen sehr gerne. Welches Pferd mag keinen Hafer?
- Das Schaukelpferd.

Obwohl er keine Haare hat, welche er sich kämmen könnte, läuft er immer mit einem Kamm durch die Gegend. Von wem ist die Rede?
- Von einem Hahn.

Hunde lieben Knochen. Ein besonderer Hund hingegen mag sie nicht und bekommt demnach auch keine Knochen. Von welchem Hund ist die Rede?
- Von dem Seehund.

Was hat vier Beine und kann dazu auch noch fliegen?
- Zwei Vögel.

Was sagt ein Hai, wenn er einen Surfer auf seinem Brett gegessen hat und mit seiner Mahlzeit fertig ist?
- Mh, nicht nur lecker, sondern auch schön auf einem Frühstücksbrettchen serviert.

Wieso kannst du Mäuse nicht melken?
- Sie sind so klein, dass du nicht weiß wie du einen Eimer unter sie stellen sollst, um die Milch aufzufangen.

Obwohl er zwei Löffel hat, nutzt er sie nicht und isst weiterhin ohne sie. Von wem ist die Rede?
- Von einem Hasen.

Tiere Verlassen ihr Nest oder ihr Zuhause, um auf die Jagd zu gehen. Es gibt aber ein Tier, welches spazieren oder auf die Suche nach Nahrung geht und sein Zuhause für diese Zwecke nicht verlässt. Um welches Tier handelt es sich?
- Die Schnecke.

Schlangen sind scheu und begeben sich nicht unter Menschen. Dennoch sieht man immer wieder Schlangen auf den Straßen. Welche?
- Autoschlangen.

Wenn ein Bär schreiend auf einer Kugel sitzt – wie nennt man das?
- Kugelschreibär.

Wohin wurde der Mann gesteckt, welcher im 18. Jahrhundert verbotene Weihnachtslieder gesunden hat?
- In das Verließ Navidad.

Eine Blondine steht im Supermarkt und hat in der einen Hand einen Löffel. In der anderen Hand hält sie einen Jogurt, welcher bereits offen ist. Wieso?
- Weil sich auf dem Jogurt die Aufschrift „Hier öffnen" befindet.

Was ist vollkommen blau gefärbt, klein und fluffig und läuft einen Baum auf und ab?
- Ein Blauhörnchen.

Ein Fuchs begibt sich am Morgen in einen Hühnerstall. Wie lautet der erste Satz, welchen er zu den Hühnern sagt?
- Jetzt aber raus aus den Federn.

Wo haben die Katzen ihr Zuhause?
- In dem Miezhaus.

Hühner legen Eier. Aber warum legen sie die Eier?
- Sie legen sie, weil die Eier kaputt gingen, wenn sie die Hühner werfen würden.

Was sagt ein Hund, wenn er überrascht und erstaunt ist?
- Wau!

Löwen sind eigentlich scheu, wenn es um den Kontakt mit Wasser geht. Es gibt aber einen Löwen, der gut schwimmen kann. Welchen?
- Den Seelöwen.

Was sagt die Holzwurmmutter zu ihren Kindern, bevor sie am Abend ins Bett gehen?
- Nun aber husch husch, nichts wie ab in eure Brettchen.

Wenn Bienen fliegen, dann summen sie. Doch, wieso summen sie eigentlich?
- Sie haben den Text vergessen und summen jetzt nur noch die Melodie.

Auf Pferden kannst du mit oder ohne Sattel reiten. Es gibt aber eine bestimmte Pferdeart, auf welcher du nicht reiten kannst. Um welche handelt es sich?
- Um Seepferdchen.

Eine Sache, welche grau ist und gerade nicht anwesend ist?
- Keine Elefanten.

Du hast 10 Sekunden Zeit, um 10 typisch afrikanische Tiere aufzuzählen.
- 10 Löwen.

Kühe stehen in der Regel entweder auf einer Wiese oder sie halten sich in einem Stall auf. Aber, welche Kuh steht weder in einem Stall noch auf einer Wiese?
- Die Seekuh.

Kängurus kannst du im Zoo oder auch in der freien Natur sehen – nie aber findest du sie an einem Bahnhof. Wieso?
- Weil sie Angst vor den Taschendieben haben, welche sich bekannterweise an Bahnhöfen aufhalten.

Was kommt dabei heraus, wenn sich ein Regenwurm mit einem Igel paart?
- Stacheldraht.

Ein großer und wilder Löwe möchte sich gerne einen Film im Kino ansehen. Wo setzt er sich hin?
- Da, wo er will.

Unter allen Tieren gibt es nur ein Tier, welches keine Angst vor dem König des Dschungels – dem Löwen, hat. Um welches Tier handelt es sich?
- Um die Löwin.

Storche müssen nicht auf zwei Beinen stehen, um sich wohl zu fühlen. Wenn der Storch auf einem Bein steht, was macht er dann?
- Dann hebt er das andere Bein hoch.

Fische sind glitschig, wenn du sie anfasst. Wieso ist das so?
- Damit sie nicht quietschen, wenn sie um die Kurven schwimmen.

Wenn zwei Schafe wütend werden und sich streiten – was machen sie dann?
- Dann kriegen sie sich in die Wolle!

Es wiegt über einer Tonne, ist grau und hat vier Beine. Worum handelt es sich?
- Um eine sehr sehr sehr große, dicke Maus.

Es besteht nur ein sehr schmaler Grad zwischen dem Menschen und einem Schimpansen. Zwischen einem Lehrer und einem Schimpansen ist der Unterschied aber noch geringer. Doch, worin besteht der Unterschied zwischen dem Lehrer und dem Schimpansen?
- Wissenschaftler konnten anhand unterschiedlicher Studien nachweisen, dass Schimpansen über die Fähigkeit verfügen, mit den Menschen zu kommunizieren.

Aus welchem Grund ist der Eisbär weiß und nicht rosa oder pink?
- Wäre er Pink, dürfte er nicht Eisbär heißen, sondern müsste in Himmbär umbenannt werden.

Unter allen Mäusen gibt es ein paar, die fliegen können. Um welche Mäuse handelt es sich?
- Um Fledermäuse.

Es ist schwer zu erkennen, wo bei einem Wurm vorne und wo hinten ist. Wie kannst du es trotzdem herausfinden?
- Du kitzelst ihn. Dort, wo du es kichern hörst, befindet sich der Kopf.

Wenn es regnet, springt der Frosch zurück in seinen Teich. Wieso macht er das?
- Die Gefahr, dass er unter dem Regen nass wird ist einfach zu groß.

Wenn eine Giraffe von Halsweh geplagt wird, ist das auf Grund ihres langen Halses nicht sonderlich angenehm und recht schlimm. Es gibt jedoch eine Sache, welche schlimmer ist als eine Giraffe mit Halsweh. Was ist das?
- Ein Tausendfüssler mit Fusspilz.

Warum läuft ein Zebra mit einem Regenschirm in der Hand durch die Stadt?
- Es könnte ja anfangen zu regnen.

Wie kann man ein Kamel bezeichnen, welches nicht nur zwei, sondern drei Höcker hat?
- Schwanger.

Wie kann es ein Elefant mit seiner Größe und seinem Körperbau schaffen, auf einen Baum zu kommen?
- Er stellt sich einfach auf eine Eichel und harrt für 100 Jahre auf dieser aus.

Was machst du, wenn du dich im Dschungel befindest und auf einmal triffst du auf einen Jaguar?
- Dann steigst du ein und fährst, so schnell du kannst, davon.

Was ist grün und wird auf Knopfdruck rot?
- Ein Frosch, welcher sich in einem Mixer befindet.

Man sagt, dass es im Dschungel in der Nacht sehr gefährlich wird. Aber wieso ist das so?
- Weil sich die Nashörner in der Nacht von Liane zu Liane schwingen.

Und wieso haben die Krokodile ein so flaches Maul?
- Weil die Nashörner bei dem Versuch, sich von Liane zu Liane zu schwingen, auf die Krokodile drauffallen.

Ein Haus, welches kein Dach hat, ist ein undichtes Dach. Trotzdem gibt es ein Haus, welches kein Dach hat. Um welches handelt es sich?
- Um das Schneckenhaus.

Wie schafft man es, einen Elefanten in einen Kühlschrank zu stecken?
- Ganz einfach. Man macht die Kühlschranktür auf, stellt den Elefanten rein und macht die Kühlschranktür dann wieder zu.
Gut – und, wie bringt man eine Giraffe in den Kühlschrank?
- Genauso. Kühlschranktür auf, Giraffe rein und dann die Kühlschranktür wieder zu.
Falsch!
- Kühlschranktür auf, Elefant raus, Giraffe rein, Kühlschranktür wieder zu.
Der Löwe macht in der Zwischenzeit eine Party. Für diese hat der alle Tiere eingeladen. Welche Tiere kommen und welche nicht?
- Alle, außer der Giraffe. Die ist ja immer noch im Kühlschrank.

Was für eine Zeit ist das, wenn der Elefant auf dem Gartenzaun vor dem Haus sitzt?
- Es ist definitiv an der Zeit für einen neuen Gartenzaun.

Die Nasenlöcher der Gorillas sind sehr groß. Wieso ist das so?
- Weil sie große Finger haben.

In der Luft fliegt etwas, welches in den Farben Schwarz, Rot und Gold erstrahlt. Worum handelt es sich?
- Um einen Marienkäfer, welcher gerade beim Zahnarzt war und einen Goldzahn bekommen hat.

Unter all den Enten, welche es auf der Welt gibt, gibt es ganz
besondere Enten, welche nicht nur Wasser, sondern auch Bier
trinken. Um welche Enten handelt es sich?
- Um Studenten.

Verkehr

Eine Bahn fährt auf Gleisen, um von A nach B zu kommen. Es gibt aber eine Bahn, welche nicht auf Gleisen fährt. Welche Bahn ist das?
- Die Autobahn.

In einem Fahrzeug nutzt du die Hupe, um Lärm zu machen. Eine Hupe macht aber keinen Lärm. Um welche Hupe handelt es sich?
- Um die Lichthupe.

Täglich befahren unzählige Fahrzeuge die Straßen auf der ganzen Welt. Welche Straße hat jedoch kein Fahrzeug befahren?
- Die Milchstraße.

Damit ein Bus auf den Straßen fahren kann, muss ein Fahrer diesen steuern. Welcher Bus braucht keinen Fahrer?
- Der Globus.

In einer Schule lernen die Kinder unterschiedliche Sachen. Es gibt eine Schule, welche keine Kinder besuchen. Welche Schule ist das?
- Die Fahrschule.

Ohne Räder/Rollen kannst du nicht auf einem Roller fahren. Dennoch gibt es einen Roller, welcher keine Rollen hat. Wer?
- Der Deo-Roller.

Der Parkplatz für Schiffe und Boote heißt Hafen. Es gibt jedoch eine Art des Hafens, an welchem Boote und Schiffe nicht parken können/dürfen. Von welchem Hafen ist die Rede?
- Von dem Flughafen.

Es gibt einen Zug, welcher keine Räder hat. Um welchen Zug handelt es sich?
- Um den Luftzug.

In einem Schlauchboot sitzen zu derselben Zeit drei Männer. Plötzlich stellen die Männer fest, dass sich das Boot immer mehr mit Wasser füllt, bis es schließlich vollkommen untergeht. Die Männer landen im Wasser, doch nur zwei der drei Männer bekommen dabei nasse Haare. Wie ist das möglich?
- Einer der drei Männer hatte eine Glatze.

Der Pilot eines Segelflugzeugs verliert die Kontrolle und das Flugzeug stürzt ab. Dabei landet es genau auf der Grenze, welche sich zwischen den beiden Ländern Deutschland und Frankreich befindet. Welches der beiden Länder bekommt nun den Motor des Flugzeugs?
- Keines der beiden Länder. Es handelt sich um ein Segelflugzeug

Was hat eine gelbe Farbe und kann nicht schwimmen?
- Ein Bagger.
Richtig. Und wieso kann dieser nicht schwimmen?
- Weil er nur einen Arm hat.

Was ist grün und fliegt die ganze Zeit durch das All?
- Ein Salatellit.

Es gibt eine gelbe Sache, welche nicht auf Bäume klettern kann. Worum handelt es sich?
- Um ein Auto von der Post.

Was ist in der Unterwasserwelt der Weltmeere unterwegs und macht laut „Muh"?
- Ein Muhboot.

Unter welchem Namen ist der chinesische Verkehrsminister bekannt?
- Um Lei Tung.

Wenn du aus einem Zug aussteigen möchtest, musst du eine ganz bestimmte Sache machen. Worum handelt es sich?
- Bevor du aussteigst, musst du erst einmal einsteigen.

Ein Auto und eine Rolle Klopapier unterscheiden sich unter einem ganz bestimmten Aspekt. Um welchen handelt es sich?
- Ein Auto kannst du dir gebraucht kaufen.

Ein Auto fährt auf der Straße. Wie lange fährt es?
- Solange, bis ihm das Benzin ausgeht.

Es gibt einen Bus, welcher es nicht nur geschafft hat das Wasser zu besiegen und auf diesem zu fahren, sondern als Erstes den Ozean zu überqueren. Um welchen Bus handelt es sich?
- Um Kolumbus.

Wenn es schneit, ist es für die Bahnen und Züge gefährlicher auf den Schienen zu fallen, als es der Fall ist, wenn es warm ist. Auch für U-Boot Fahrer gibt es gefährliche Tage. Welcher ist der wohl gefährlichste Tag für die U-Boot-Fahrer?
- Der Tag der offenen Tür.

Es gibt einen Zug, in welchem nur ein einziger Mensch Platz hat. Auch mit der größten Anstrengung passen keine weiteren Menschen in den Zug hinein. Won welchem Zug ist hier die Rede?
- Von dem Anzug.

Schule

Hast du dir je die Frage gestellt, wieso die Sommerferien sechs Wochen lang dauern und somit vier Wochen länger als die Winterferien sind? Die dauern ja nur 2 Wochen…
- Hast du in Physik nicht aufgepasst? In der Hitze dehnt sich alles aus, bei Kälte hingegen ziehen sich Dinge zusammen.

Die Schule ist nicht immer schlecht. Es gibt eine ideale Schule, welche sich alle Schüler wünschen. Um welche Schule handelt es sich?
- Um eine geschlossene Schule.

Regenwolken und auch Lehrer weisen keine großen Unterschiede auf. Oder gibt es einen Unterschied zwischen ihnen?
- Nein! Keiner mag sie, es verbreitet sich schlechte Stimmung, wenn sie auftauchen. Wenn sie verschwinden, freuen sich alle.

Ich bin schwarz oder grün, wenn ich sauber bin. Wenn ich schmutzig bin, bin ich weiß. Wer bin ich?
- Die Tafel in der Schule.

Wenn du einen Lehrer ins Wasser schmeißt – kann er dann schwimmen oder geht er unter?
- Er kann auf der einen Seite schwimmen und auf der anderen nicht. Denn er ist auf der einen Seite hohl und auf der anderen Seite nicht ganz dicht.

Die Zahl 20 ist größer als die Zahl 1. Wie oft kannst du die Zahl 1 von der Zahl 20 abziehen?
- Nur einmal. Sobald du die 1 einmal von der 20 abgezogen hast, kommt die Zahl 19 heraus.

Wie lautet die kürzeste, fürchterlichste und angsteinflößendste Horrorgeschichte auf der ganzen Welt?
- Montag.

Wie kann man eine Frau mit Klasse auch noch nennen?
- Lehrerin.

Wenn Du in die Schule gehst, wo sitzt du dann?
- Nirgendwo. Du bist ja noch unterwegs, wenn du gehst.

Worin unterscheiden sich eine Schule und ein Irrenhaus?
- In der Telefonnummer und der Adresse.

Worin besteht die Gemeinsamkeit zwischen einem Lehrer und einem Luftballon?
- Beide sind in ihrem Inneren mit Luft gefüllt.

Welchen Monat mögen die Schüler am liebsten?
- Den Februar. Der hat nämlich nur 28 Tage.

Was ist 5 geteilt durch 2 plus 12?
- Eine Rechenaufgabe.

Worin besteht der Unterschied zwischen der Schule und dem Supermarkt LIDL?
- Ganz einfach. „Lidl lohnt sich!"

Menschen

Franz geht um die Ecke, doch irgendwas fehlt. Was?
- Der Witz.

Romeos Vater hat insgesamt drei Söhne. Diese heißen: Tick, Trick und?
- Romeo.

Gestern ist mein Freund aus dem Fenster gefallen. Bei dem Gebäude handelte es sich um einen Wolkenkratzer mit insgesamt 20 Stockwerken. Trotzdem hat er sich nicht verletzt und musste auch nicht ins Krankenhaus gebracht werden. Wie kann das sein?
- Ganz einfach. Er ist eben nur aus dem ersten Stock des Gebäudes gefallen.

Es gibt eine Sache, welche ein Pirat liebend gerne mit seinem Computer macht. Was ist diese Sache?
- Er drückt die ganze Zeit „ENTER".

Chinesen sind sehr gut in der Schule, aber auch im sportlichen Bereich können sie sich sehen lassen. Wie heißt ein bekannter chinesischer Sportler?
- Ping Pong.

Ein Kind kann eine ganz besondere Sache machen, die niemand sehen kann. Worum handelt es sich bei dieser Sache?
- Um Lärm.

Es gibt einen Mann, welcher immer kleiner wird, wenn er sich in die Sonne legt. Welcher Mann ist das?
- Der Schneemann.

Wenn ein Cowboy ohne ein Pferd unterwegs ist, was ist er dann?
- ein Sattelschlepper.

Was macht Robin Hood mit dem Geld und ein Mann mit einem Deo Roller?
- Das Geld/das Deo unter den Armen verteilen.

Wie heißt ein Ritter, welcher keinen Helm hat?
- Willhelm.

Blondinenwitze

Die Blondine hat in ihrer Wohnung die Tür von ihrem Badezimmer abgenommen. Wieso hat sie das gemacht?
- Sie hatte Angst, dass jemand durch das Schlüsselloch gucken könnte.

Die Nachbarn der Blondine sehen, dass diese jeden Abend vor dem Schlafengehen eine Runde um das Haus dreht. Doch wieso macht sie das?
- Sie verschaffst sich bereits einen kleinen Vorsprung, falls in der Nacht Diebe kommen sollten.

Woran kann man erkennen, dass sich eine Blondine am Computer befunden und an diesem gearbeitet hat?
- Daran, dass sich über den Bildschirm verteilt weißer Tipp-ex befindet.

Auf dem Dach des Hauses, in welchem eine Blondine wohnt, befindet sich eine Bananenschale. Wieso?
- Damit der Blitz auf dieser ausrutscht und das Haus nicht trifft.

Eine Blondine entscheidet sich bei dem Kauf ihres neuen Sofas für ein rundes Modell. Wieso macht sie das?
- Damit sie keine Schwierigkeiten damit hat, sich entscheiden zu müssen, in welche Ecke sie sich setzt.

Warum kauft sich die Blondine im Elektrogeschäft einen runden Fernseher?
- Damit sie keine Gefahr läuft, eckige Augen zu bekommen.

Warum stellt eine Blondine ein leeres Glas in den Kühlschrank und nicht in den Schrank?
- Damit es sich jemand nehmen kann, der den Kühlschrank aufmacht und keinen Durst hat.

Als sich die Blondine mit dem Bauleiter trifft, um das Haus zu planen, möchte sie ausdrücklich ein rundes Haus haben. Wieso?
- Damit ihr keiner in die Ecke pinkeln kann.

Bunt gemischt

Geld ist wertvoll und du solltest es nicht verschwenden. Dennoch gibt es jemanden, der mit Geld um sich wirft. Wer ist das?
-Der Scheinwerfer.

Ein Sinn hat nicht immer einen Sinn. Welcher Sinn hat also keinen Sinn?
- Der Unsinn.

Jeder hat Ängste und Albträume. Welche Angst plagt einen Luftballon, wenn er aufgeblasen durch die Lüfte fliegt?
- Die Platzangst.

Ein Nagel kann unter gewissen Umständen rosten. Welcher Nagel sondern sich davon ab, kann sich zwar biegen, zu derselben Zeit aber nie rosten?
- Der Fingernagel oder der Fußnagel.

Wen kannst du, so sehr du dich auch anstrengst, nicht so einfach, vor allem aber nicht so schnell aus der Fassung bringen?
- Eine gut montierte und angebrachte Glühbirne.

Du triffst auf ein Monster, welches drei Köpfe hat. Was sagst du zu ihm?
- Hallo. Hallo. Hallo.

Wenn du einen Schuh hast, brauchst du eine Schuhsohle und auch einen Schnürsenkel oder einen Klettverschluss. Was darf ebenfalls nicht fehlen?
- Der zweite Schuh.

Kurz bevor ein Luftballon platzte, schrie er zwei letzte Wörter. Welche waren das?
- Achtung, Kaktus!

Farben mischen ist immer so eine Sache. Was passiert also, wenn du einen weißen Stein nimmst, und diesen in das Rote Meer wirfst?
- Das Meer wird um einen Stein reicher und der Stein wird nass.

Ein Stuhl, welcher nicht einfach nur am Tisch steht ist ein besonderer Stuhl. Er bewegt sich den ganzen Tag nach oben und nach unten und Menschen nutzen ihn seht gerne. Um welchem Stuhl handelt es sich?
- Um den Fahrstuhl.

Ein Skelett, ein Schneemann und ein Kamel unterhalten sich. Sie reden darüber, wo sie in diesem Jahr ihren Urlaub verbringen wollen. Das Kamel fährt nach Ägypten, um dort seine Verwandten zu besuchen und Sonne zu tanken. Der Schneemann fährt an den Nordpol, um wieder ein bisschen Kälte zu tanken. Aber, wo fährt das Skelett hin, um Urlaub zu machen?
- An das tote Meer.

Ein großer Stift und ein kleiner Stift unterhalten sich. Was sagt der große Stift in diesem Zusammenhang zu dem kleinen Stift neben ihm?
- Wachs-mal-Stift.

Es gibt eine Sache, welche beim Trocknen nicht trocken, sondern nass wird. Um welche Sache handelt es sich?
- Um ein Handtuch.

Wenn du in ein Loch hineingehst, wenige Sekunden später aber durch zwei Löcher wieder herauskommst, wo befindest du dich dann?
- In den beiden Beinen einer Hose.

Wenn du 30 Schornsteine hast, zu diesen 23 weitere Schornsteine dazugibst und am Ende noch einmal 7 Schornsteine draufsetzt – was hast du am Ende?
- Eine ganze Menge Rauch.

Nicht alles, was du wegwirfst ist für immer weg. Es gibt eine Sache, welche du wegwirfst, wenn du sie nicht mehr brauchst, dir aber einfach wiederholen kannst, wenn du sie wieder benötigst. Was für eine Sache ist das?
- Ein Anker.

Mit welchem Spiel kannst du nicht spielen?
- Mit einem Beispiel.

Was muss man machen, wenn ein Computer plötzlich anfängt zu brennen?
- Einfach die Löschtaste drücken.

Gibt es eine Erklärung für die Tatsache, dass sich die Blondine immer erst nackt auszieht bevor sie in den Garten geht?
- Ja – sie möchte damit bewirken, dass die Tomaten rot werden.

Kennst du den Sekundenwitz?
- Huch – er ist schon vorbei.

Worin besteht der Unterschied zwischen einer Gurke und einem Handy aus der Zukunft?
- Darin, dass die Gurke nur ein G hat. Das Handy hingegen verfügt über 5 G.

Was machst du, wenn der Computer auf einmal Feuer fängt und nicht mehr aufhört zu brennen?
- Auf die Löschtaste drücken.

Haben Deine Schuhe ein Loch? Schau mal nach! Ich glaube ich habe da eins gesehen.
(Dein Gegenüber antwortet dir, dass es kein Loch in den Schuhen hat)
Doch – ich habe zwei Löcher gesehen. Schau noch einmal nach!
(Dein Gegenüber sagt dir wieder, dass sich keine Löcher in den Schuhen befinden)
Und wie bist du dann in Deine Schuhe gekommen?

Warum ist es so wichtig, in einer Apotheke nicht so laut zu reden, sondern leise zu sein?
- Damit die Schlaftabletten in Ruhe schlafen können und nicht aufwachen.

Wie heißt ein Handy, welches sich in Hawaii befindet?
- Huawei.

<u>Sprüche</u>

Ich habe gerade herausgefunden, dass ich am 1. Februar geboren bin. Komisch – das ist ja genau an dem Tag meines Geburtstages.

Die Schulbildung ist in Deutschland ja bekannt kostenlos. Aber bei einigen ist sie eben auch umsonst.

Meine Mama hat ein Baby im Bauch. Ich frage mich immer noch, wieso sie es gegessen hat…

Der Arzt hat mir einen Hustensaft verschrieben. Aber ich brauche gar keinen. Husten kann ich auch gut ohne.

Also hör mal. Ich schenke dir nun schon seit über 25 Jahren Socken zu Weihnachten. Und jetzt sagst du auf einmal, dass sie dir nicht mehr gefallen?

Ich war heute ausnahmsweise einmal ohne Handy auf der Toilette. Falls es euch interessiert – wir haben 304 Fliesen an der Wand.

Wenn es im Winter kalt wird, legen die Hühner keine Eier mehr. Denn bei den kalten Temperaturen friert ihr Eierloch zu.

Ich frage mich, was die Männer werden, wenn sie in den Himmel kommen. Ich meine – die Engel sind ja schließlich alle Frauen, oder?

Im Frühling legen die Hühner die Eier. Die Bauern hingegen die Kartoffeln.

Vor der Liebe kann man sich nicht verstecken. Sie findet einen immer – ganz egal, wo man sich auch vor ihr zu verstecken versucht.

Ich mag nur Mineralwasser mit Kohlensäure. Das Wasser ohne Kohlensäure mag ich nicht – das ist mir viel zu flüssig.

Babys trinken an der Brust ihrer Mama. Müssen die Mamas auch Gras essen, damit Milch aus ihren Brüsten kommt?

Wenn man schwitzt, dann wird die Haut undicht und das Wasser sickert aus vielen kleinen Löchern aus der Haut heraus.

Eine wichtige Frage, welche ich mir immer stelle, ist die Frage danach, ob das Wasser im Meer nachts drinnen bleibt, oder abgelassen wird?

Die Eltern von Mama und Papa brauchen keine Eltern mehr. Das ist auch der Grund dafür, dass sie Großeltern werden.

Damit niemand die Babys klaut, wenn sie klein sind, schlucken sie die Mamas einfach runter und bewahren sie in ihrem Bauch auf.

Von einem Regenwurm kann man nicht gebissen werden – er hat vorne und hinten einen Schwanz.

Ein Pfirsich ist im Grunde genommen nichts anderes als ein Apfel, welcher mit einem Teppichboden verlegt ist.

Schwanger werden ist im Grunde genommen ganz einfach. Die Mama muss einfach nur einen Papierstreifen nehmen, einmal darauf Pipi machen und schon ist sie schwanger.

Meine Mama ist keine Frau – sie ist meine Mama.

Ich habe alle meine Töchter Emma genannt. Außer Emilia – die heißt Ella.

Es ist lustig, Limonade zu trinken. Wenn ich sie trinke, pupse ich danach immer aus meinem Mund.

Zwei Jäger treffen sich… Ups.

Es ist vollkommen egal, wie gut du fährst. Denn Züge fahren Güter.

Es ist schon komisch… Wenn wir uns beim Italiener eine Pizza bestellen, liefert uns dieser eine runde Pizza in viereckigen Schachteln. Die Pizza essen wir dann aber in dreieckigen Stücken.

Es ist vollkommen egal, wie leer du bist. Es gibt einige Leute, die sind Lehrer.

Es ist egal, wie dicht du bist, denn Goethe war Dichter.

Alle Kinder auf dem Schrottplatz betrachten die Schrottpresse mit großem Interesse. Alle, bis auf Hagen, denn der sitzt immer noch im Wagen.

Mein Lieblingsbuch ist das Buch der kleinen Raupe Nimmersatt. Mir gefallen die Zeichnungen, die Geschichte und vor allem die Moral, welche aus dieser hervorgeht. Man isst einfach ganz viel und wird dann am Ende wunderschön.

Mein Papa hat Locken und ich habe auch Locken. Meine Mama hat keine Locken – sie hat nur Haare.

Kühe rennen nie schnell, da sie sonst Gefahr laufen, ihre Milch zu verschütten oder Schlagsahne aus ihr zu machen.

Witze

Der Lehrer wendet sich an seine Grundschüler und stellt ihnen ein paar Fragen.
Die erste Frage, die er stellt, ist: „Was bekommt ihr von einem Huhn?"
Die Kinder antworten daraufhin: „Eier."
Der Lehrer nickt und stellt die zweite Frage: „Und was bekommt ihr von der Kuh?"
Die Kinder geben ihm wieder die richtige Antwort: „Milch."
Der Lehrer nickt wieder und stellt ihnen die letzte Frage: „Und was bekommt ihr von dem Schwein."
Die Klasse antwortet ohne zu zögern: „Hausaufgaben und schlechte Noten."

Der Vater sieht, dass sein Sohn ein Bild von ihm in seinem Hausaufgabenheft kleben hat. Er spricht ihn darauf an und fragt, wieso er sein Bild im Heft kleben hat. Daraufhin zuckt der Sohn mit den Schultern und sagt: „Meine Lehrerin wollte einfach einmal sehen, wer der Dummkopf ist, welcher mir immer bei meinen Hausaufgaben hilft."

Eine Maus steht hinter einer Kuh. Was sagt sie zu der Kuh? „Mach bloß keinen Scheiß!"

Zwei Schnecken treffen sich an einer Straße.
Die eine Schnecke sieht, dass die andere Schnecke die Straße überqueren möchte. Warnend beugt sie sich zu ihr und sagt: „Pass auf, in circa einer Stunde kommt der Bus!"

Zwei Kinder gehen auf dem Weg zum Spielplatz an einem See vorbei. Ein genauer Blick auf den See zeigt ihnen, dass sich im See kein Wasser befindet – er ist ausgetrocknet. Das eine Kind sagt zum anderen: „Schau mal, der See ist weg." Daraufhin antwortet das zweite Kind: „Das war bestimmt wieder einmal so ein Seeräuber."

Zwei Kinder – Anne und Luis, unterhalten sich.
Anne: "Halli Hallo!"
Luis: "Halli Hallo!"
Anne ist verwirrt. Sie fragt nach:
Anne: "Äffst du mich nach?"
Luis: „Äffst du mich nach?"
Anne wird es langsam zu blöd.
Anne: „Wie geht es dir?"
Luis: „Wie geht es dir?"
Anne: „Ich bin hässlich."
Luis: „Ja, da hast du Recht."

Fritzchen und seine Mama unterhalten sich.
Fritzchen fragt seine Mama: „Mama, kannst du rechnen?"
Mama antwortet: „Ja, natürlich kann ich rechnen."
Fritzchen grinst und tritt seiner Mama ans Bein. Daraufhin sagt er
grinsend: „Damit hast du aber nicht gerechnet."

Die Mutter geht in das Zimmer ihres Sohnes, um ihn zu wecken.
Er dreht sich um und möchte nicht aufstehen. Als die Mutter ihm
die Bettdecke wegziehen möchte, dreht er sich um und murmelt:
„Mama, lass mich bitte noch ein bisschen schlafen."
Daraufhin antwortet die Mutter: „Nein, es ist schon spät. Du
musst jetzt wirklich aufstehen und dich für die Schule fertig
machen."
Der Junge versucht es mit einer anderen Entschuldigung: „Aber
die Kinder ärgern mich und die Lehrer sind auch alle doof. Gib
mir zwei Gründe, wieso ich aufstehen und in die Schule gehen
sollte."
„Du bist 45 Jahre alt und der Direktor der Schule!"

Fritzchen geht mit seinem Papa in den Zoo.
Plötzlich sagt er: „Oh Papa, schau mal! Das ist aber ein echt
hässlicher Gorilla!"
Der Papa wird rot und antwortet: „Nicht so laut Fritzchen, wir sind
erst an der Kasse."

Die Mutter unterhält sich mit ihrer Tochter. Plötzlich fragt die Tochter ihre Mutter:

„Mama, wie lange bist du schon mit Papa verheiratet?"

Die Mutter antwortet: „Seit 15 Jahren."

Die Tochter nickt anerkennend und sagt: „Und wie viele Jahre musst du noch?"

Simon ist in der Schule eingeschlafen und schnarcht vor sich hin. Die Lehrerin findet das nicht lustig und weckt ihn auf.

„Simon, wach auf! Die Schule ist nicht der richtige Ort, um zu schlafen, meinst du nicht?"

„Ach, das ist im Grunde genommen kein Problem. Sie müssen einfach nur ein bisschen leiser sprechen."

Julian und sein Papa sind im Zoo und stehen vor dem Gehege der Giraffen. Julian schaut anerkennend auf die langen Hälse der Tiere und fragt seinen Papa:

„Papa, warum sind die Hälse der Giraffen eigentlich so lang?"

„Damit sie den Gestank nicht ertragen müssen, wenn sie pupsen."

Anna schaut in den Himmel und kann das Ende nicht sehen. Deshalb fragt sie ihre Mama:

„Mama, warum ist der Himmel so hoch?"

„Damit die Vögel hochfliegen können, ohne sich den Kopf zu stoßen."

Zwei Männer einer Umzugsfirma tragen ein schweres Sofa bis hin in das achte Stockwerk eines Hochhauses. Das Hochhaus hat keinen Aufzug, weshalb sie es mit viel Kraft und Aufwand von Stockwerk zu Stockwerk tragen. Endlich sind sie oben angekommen. Einer der beiden Männer schaut sich um und sagt zum anderen: „Ich habe eine gute und eine schlechte Nachricht für dich. Welche möchtest du zuerst hören?"

„Die Gute!" antwortet der zweite Möbelpacker.

„Wir sind endlich im achten Stockwerk angekommen."

„Und was ist die schlechte Nachricht?"

„Wir sind im falschen Haus."

Ein Chinese, ein Amerikaner und ein Deutscher treffen auf eine gute Fee und dürfen sich von ihr etwas wünschen. Die Bedingung dafür ist jedoch, dass sie von einem 10-Meter Turm springen. Das Becken füllt sich mit den Dingen, welche sie sich wünschen. Als erstes ist der Chinese an der Reihe. Er wünscht sich ganz viele Glückskekse und springt vom Brett.
Als zweites ist der Amerikaner dran. Er wünscht sich lauter 100-Dollar-Scheine und springt ebenfalls von dem Brett. Der Deutsche bereitet sich gerade auf seinen Sprung vor und nimmt Anlauf. Dabei rutscht er aus und schreit: „Mist".

Patrick kommt von einem langen Schultag nach Hause und seine Mutter fragt ihn, wie es in der Schule war.
„Super, wir haben heute gelernt, wie man Sprengstoff herstellt."
„Wow, das ist ja klasse. Ihr macht echt tolle Sachen in der Schule." Antwortet die Mutter.
Dann fragt sie: „Und was macht ihr Morgen in der Schule?"
„Welche Schule?"

Die Lehrerin wendet sich an die Klasse: „Jeder Schüler, der denkt, er sei doof, steht jetzt bitte auf."
Zur Verwunderung der Lehrerin steht Fritz auf. Alle anderen Schüler bleiben sitzen.
„Wieso bist du aufgestanden? Denkst du, du seist doof?" fragt die Lehrerin.
„Nein – aber ich wollte Sie nicht alleine stehen lassen."

Es ist der letzte Schultag vor den Sommerferien und die Kinder bekommen in der Schule ihr Zeugnis. Auch Luka hat sein Zeugnis bekommen. Seine Mutter fragt ihn:
„Luka, wo ist dein Zeugnis? Ich möchte es gerne einmal sehen."
„Mein Zeugnis ist bei meinem Freund Jakob. Er bringt es mir morgen."
„Wieso denn das?"
„Ach nur so – er wollte seinen Eltern mal einen richtigen Schock einjagen."

Frederick und seine Oma gehen zusammen spazieren. Auf einmal sieht Frederick auf einem Gehweg ein Spielzeug und möchte es aufheben. Die Oma hält ihn davon ab und sagt: „Frederick, nein! Was auf dem Boden liegt, hebt man nicht auf." Frederick lässt das Spielzeug liegen und er geht mit seiner Oma weiter spazieren. Als Frederick eine 2-Euro-Münze auf dem Boden liegen sieht, möchte er auch diese aufheben. Wieder hält ihn seine Oma davon ab und mahnt ihn: „Nein Frederick. Ich habe dir doch schon gesagt, dass man die Dinge, die auf dem Boden liegen, nicht aufhebt."
Frederick lässt also auch die Münze liegen und sie gehen weiter. Die Oma sieht die Bananenschale auf dem Boden nicht, tritt auf sie und rutscht aus. Daraufhin fällt sie auf den Boden und schafft es alleine nicht, aufzustehen.
„Hilfst du mit bitte hoch, Frederick?" fragt sie.
„Nein Oma, was auf dem Boden liegt, soll man doch nicht aufheben."

Sandra und Tina treffen sich am See. Sandra ist sauer und stellt Tina zur Rede.
„Nie antwortest du mir, wenn ich dich anrufe!"
Tina fragt: „Was wolltest du mir denn sagen?"
„Na, dass du dein Handy vergessen hast."

Olaf schreibt während der Klassenarbeit von seinem Banknachbarn ab und der Lehrer erwischt ihn dabei.
Er sagt: „Olaf, das ist das letzte Mal, dass ich ein Auge zudrücke. Ich hoffe, dass ich dich in Zukunft nicht mehr dabei erwische, wie du abschreibst."
„Das hoffe ich auch!"

Timo sitzt in der Schule und folgt dem Deutschunterricht. Der Deutschlehrer behandelt gerade das Thema der Fälle und stellt Timo eine Frage: „Wenn du sagst, das Lernen macht mir Spaß, was für ein Fall ist das dann?"
„Ein äußerst seltener Einzelfall!"

Im Geschichtsunterricht stellt der Lehrer seinen Schülern die Frage, wo der Friedensvertrag aus dem Jahr 1918 unterschrieben wurde. Alle Schüler in der Klasse überlegen, bis sich Kai plötzlich meldet. Gespannt ruft ihn der Lehrer auf und Kai antwortet:
„Unten rechts!"

Eine Frau geht bei ihrem Spaziergang durch die Stadt an einem Schaufenster vorbei und interessiert sich für ein schönes rotes Kleid. Sie betritt den Laden und fragt den Verkäufer:
„Könnte ich mir das rote Kleid im Schaufenster anprobieren?"
Der Verkäufer lächelt sie freundlich an und antwortet:
„Selbstverständlich, aber wir haben hinten links auch eine Umkleidekabine."

Die Schüler haben Biologieunterricht bei Frau Müller. Sie reden über Vögel. Die Lehrerin stellt ihren Schülern die Frage:
„Welcher Vogel baut sich kein eigenes Nest?"
Klaus weiß die Antwort und antwortet stolz: „Der Kuckuck!"
Die Lehrerin nickt und fragt weiter nach: „Richtig. Und wieso baut er sich kein eigenes Nest?"
„Na, weil er in einer Uhr wohnt."

Der Lehrer stellt den Schülern im Biologieunterricht eine Frage. Das Thema lautet „Fische".
„Wer von euch kann mir sagen wie lange Fische leben?"
John meldet sich und antwortet: „Was für eine Frage! Natürlich genauso lang, wie kurze."

Im Erdkundeunterricht stellt der Lehrer Kai eine Frage über die Welt.

„Kai, beweise mir, warum die Erde rund ist und, wieso es wahr ist, dass sie sich um sich selbst dreht."

Kai ist empört und antwortet: „Das habe ich nie behauptet!"

Franz ist wieder einmal viel zu spät in die Schule gekommen. Der Lehrer ist genervt davon, dass sein Schüler immer zu spät kommt und sagt: „Sag mal Franz, hast du Zuhause keinen Wecker, welcher dich rechtzeitig für den Unterricht weckt?"

„Doch Herr Lehrer. Aber immer, wenn er klingelt, schlafe ich noch."

Es klingelt an der Tür. Die Mutter kann gerade nicht öffnen, da sie kocht. Aus diesem Grund bittet sie ihre Tochter Anna die Tür zu öffnen. Nach wenigen Sekunden kommt sie zu ihrer Mutter und sagt:

„Mama an der Tür steht ein Mann, welcher für das Altersheim sammelt…"

Bevor sie ihren Satz beenden kann, unterbricht sie die Mutter

und sagt:
„Super, dann gibt ihm Opa mit."

Im Matheunterricht möchte die Lehrerin die Schüler im Kopfrechnen prüfen und stellt Tom eine Frage. Sie fragt: „Wenn dir deine Mutter zwei Scheiben Brot in deine Pausenbox steckt und du jedoch nur eine von den beiden Scheiben isst, was hast du dann?"
Tom antwortet: „Dann habe ich immer noch Hunger."

Ein Stein und ein Brett treffen sich. Sie sitzen auf einer Bank und stellen sich einander vor.
Der Stein sagt: „Hallo, ich bin ein Stein."
Das Brett betrachtet den Stein ungläubig und antwortet: „Wenn du Einstein bist, dann bin ich Brad Pitt!"

Ein Mann geht verzweifelt zum Arzt, in der Hoffnung, bei ihm die Lösung auf sein Problem zu finden.
Er sagt: „Herr Doktor, bitte helfen Sie mir. Alle Menschen um mich herum behandeln mich, als wäre ich Luft."
Der Doktor sieht sich um und sagt: „Der nächste bitte!"

Es ist wieder einmal der letzte Schultag vor den Sommerferien und die Schüler haben in der Schule ihr Zeugnis bekommen.
Auch Lena zeigt ihrem Papa das Zeugnis. Nach nur einem Blick auf die Noten wird der Vater wütend und schimpft: „Ich bin enttäuscht, Lena. So ein schlechtes Zeugnis hattest du noch nie. Wie konnte das denn passieren?"
Lena antwortet mit einem Grinsen: „Nein Papa, das ist doch gar nicht mein Zeugnis."
Der Vater ist verwirrt und fragt nach: „Von wem ist es denn dann?"
„Von dir – ich habe es oben auf dem Dachboden in der Kiste mit deinen alten Sachen gefunden."

Es treffen sich zwei Skelette und unterhalten sich. Während ihrer Unterhaltung kommen sie darauf zu sprechen, wie sie gestorben sind. Das eine Skelett antwortet:
„Ich war auf dem Weg zur Arbeit. Ich bin mit dem Bus gefahren

und plötzlich hat der Busfahrer gesagt „Bitte alle aussteigen." Leider konnte ich nicht so gut hören und habe stattdessen „Bitte alles rausschmeißen." Verstanden. Als ich das gemacht habe, musste ich als Strafe auf den Kirchturm steigen. Auf dem Kirchturm habe ich von unten einen Mann rufen gehört. Er sagte „Wenn du hier runterspringst, bist du tot." Da ich aber nicht gut hören konnte, verstand ich: „Wenn du hier runterspringst, bekommst du ein Honigbrot." Ich war hungrig und bin runtergesprungen. Und wie bist du gestorben?"
Das zweite Skelett war auf einmal ganz still und funkelte das erste Skelett an. Dann antwortete es:
„Ich war unter einem Kirchturm und ein Idiot ist auf mich draufgesprungen."

Im Religionsunterricht bespricht der Lehrer mit seiner Klasse gerade Moses und stellt ihnen in diesem Zusammenhang folgende Frage:
„Warum ist Moses 40 Jahre lang durch die Wüste gewandert?"
Karin meldet sich und antwortet: „Weil er weder nach dem Weg gefragt noch ein Navi genutzt hat."

Oma kommt Jana kurz nach Weihnachten besuchen und fragt sie, wie ihr das neue Geschenk gefällt, welches sie zu Weihnachten bekommen hat.
„Na, mein Schatz, wie gefällt dir die Flöte?"
Jana antwortet: „Sehr gut Oma. Die Flöte war das beste Geschenk unter dem Weihnachtsbaum."
„Wirklich?" fragt die Oma erfreut nach.
„Ja." Bestätigt Jana.
„Mama gibt mir immer drei Euro, damit ich endlich aufhöre auf ihr zu spielen."

Es hat geschneit und die Geschwister Hannah und Joe beschließen Schneemänner und Schneefrauen zu bauen. Hannah baut den Schneemann und Joe die Schneefrau. Damit sie die gleichen Chancen haben, checkt Joe noch einmal mit seiner Schwester, wie lange es dauert einen Schneemann und eine Schneefrau zu bauen.

Hannah antwortet ihm: „Es dauert länger, den Schneemann zu bauen. Das Aushöhlen des Kopfes braucht einfach seine Zeit."

Zwei Cowboys treffen sich vor ihrer Lieblingskneipe und unterhalten sich. Dabei kommen sie auf das Problem des ersten Cowboys zu sprechen. Er beklagt sich bei seinem Freund: „Ich kann meine beiden Pferde einfach nicht unterscheiden und verwechsle sie immer."
Der zweite Cowboy überlegt kurz und hat dann eine gute Idee: „Wie wäre es, wenn du deine Pferde einfach einmal messen würdest? So kannst du sie immer auseinanderhalten."
Der erste Cowboy bedankt sich bei seinem Freund und sie gehen zusammen in die Kneipe.
Nach wenigen Tagen treffen sich die beiden Cowboys wieder und der zweite Cowboy fragt den ersten Cowboy, ob sein Tipp funktioniert hat.
„Ja. Ich habe meine beiden Pferde gemessen und der Schwanz des weißen Pferdes ist 13 Zentimeter länger als der Schwanz des schwarzen Pferdes."

Der Lehrer hat die Aufsätze der Schüler korrigiert und verteilt sie an die Klasse. Als Leo seine Arbeit erhält versucht er die Anmerkung des Lehrers zu lesen, kann aber nicht erkennen, was dort geschrieben steht. Also meldet er sich. Der Lehrer kommt zu Leo und Leo fragt:
„Herr Lehrer, was steht da?"
Der Lehrer antwortet ihm: „Dass du leserlicher und schöner schreiben musst."

Im Englischunterricht fragt die Lehrerin die Schüler nach den Vokabeln ab. Julia ist an der Reihe. Die Lehrerin fragt sie: „Julia, was heißt Glocke auf Englisch?"
Julia zuckt mit den Schultern: „Ich weiß es nicht."
Die Lehrerin seufzt: „Bell."
Julia schaut verwundert und macht schließlich: „Wuff, Wuff."

Die Oma besucht Luisa und fragt sie, was sie sich zu Weihnachten wünscht. Bevor Luisa jedoch ihre Wünsche äußern kann, sagt ihr die Oma, dass sie sich ein Buch wünschen darf. Luisa denkt kurz nach und sagt dann: „Gut, dann wünsche ich mir ein volles Sparbuch."

Der Lehrer redet mit seinen Schülern über die Planeten. Als sie auf den Mond zu sprechen kommen, erklärt der Lehrer ihnen, dass er so groß ist, dass er Platz für mehrere Millionen Menschen hätte.
Daraufhin meldet sich Brigitte und sagt: „Aber dann müssten die sich ja immer drängeln, wenn Halbmond ist."

Zwei Männer treffen sich und kommen ins Gespräch. Sie unterhalten sich über ihre Berufe. Der erste Mann fragt: „Was sind Sie von Beruf?"
Daraufhin antwortet der zweite Mann: „Ich bin Zauberkünstler."
Anerkennend nickt der erste Mann und fragt weiter: „Und was machen Sie als Zauberkünstler?"
„Ich zersäge Mädchen."

„Haben Sie auch Geschwister?" fragt der erste Mann weiter nach.
„Ja – zwei Halbschwestern."

Die Mutter spricht mit ihrer Tochter und sagt zu ihr:
„Du musst lernen, etwas geduldiger zu werden."
„Ok, aber dauert das lange?"

Anna und ihre Mutter reden über Weihnachten und darüber, was sich Anna wünscht.
Sie sagt: „Mama, ich wünsche mir dieses Jahr ein Pony."
„Kein Problem." Sagt die Mutter.
„Ich rufe morgen früh direkt beim Friseur an und mache einen Termin."

Zwei Eskimos gehen angeln und verlassen für diese Zwecke ihr Iglu. Als sie mit dem Angeln fertig sind und wieder zurück nach Hause wollen, suchen sie vergeblich nach ihrem Iglu. Sie dachten, sie hätten sich verlaufen, bis die Frau plötzlich erschrocken in eine Richtung zeigt und ruft:
„Oh nein! Ich habe vergessen das Bügeleisen auszumachen."

Die Lehrerin fragt Ulla über die unterschiedlichen Zeitformen der Verben ab.
„Ulla, was ist die Zukunftsform von „Ich stehle"?"
„Ich muss ins Gefängnis."

Ein Mann wird zu einem Vorstellungsgespräch eingeladen. Der Interviewer stellt ihm einige Fragen und kommt schließlich auf die Stärken des Bewerbers zu sprechen.
„Ich bin sehr hartnäckig." Antwortet dieser.
Der Interviewer nickt und sagt: „Vielen Dank. Wir werden uns bei Ihnen melden."
„Ich warte hier."

Der Religionslehrer fragt seine Schüler nach den Geboten.
„Wie viele Gebote gibt es?"
Julian meldet sich: „10, Herr Lehrer."
Der Lehrer nickt.

„Das ist richtig. Und was passiert, wenn du eines der Gebote brichst?"
„Dann sind es nur noch 9."

In der Klasse möchte der Lehrer, dass seine Schüler einen Aufsatz zu dem Thema „Faulheit" schreiben. Als Überschrift wählt er den Titel: „Was ist Faulheit."
Franz fängt an zu schreiben und ist nach nicht einmal einer Minute fertig. Er gibt den Aufsatz ab und verlässt das Klassenzimmer. Verwundert blickt der Lehrer auf die Arbeit von Franz. Auf dieser steht:
„Genau das."

Die Familie Müller möchte dieses Jahr ganz besondere Ferien machen und sich aus diesem Grund ein Zimmer in einem alten Schloss buchen. Um sicher zu gehen, dass keine Geister in diesem spucken, fragt die Mutter lieber noch einmal nach.
„Gibt es bei Ihnen Geister?"
Der Mann an der Rezeption lacht und schüttelt mit seinem Kopf: „Nein, natürlich nicht. Zumindest habe ich noch nie einen Geist gesehen. Und ich lebe bereits seit über 500 Jahren hier."

Ein Mann geht auf eine Kunstausstellung mit dem Thema „abstrakte Kunst". Er betrachtet die vielen unterschiedlichen Bilder anerkennend und bleibt dann vor einem Bild stehen. Als der Künstler an ihm vorbeikommt, hält er ihn an und spricht ihn auf das Bild an.
„Das ist doch eine Ausstellung für abstrakte Kunst, oder?" fragt er nach.
„Ja, natürlich." Bestätigt der Künstler.
„Aber das Bild passt doch gar nicht hier rein. Es ist viel zu klar und natürlich für abstrakte Kunst."
„Da haben Sie Recht, aber es handelt sich ja auch nicht um ein Bild, sondern um das Fenster."

Ein Mädchen und ein Junge unterhalten sich. Das Mädchen wendet sich an den Jungen und stellt ihm eine Frage: „Wusstest du, dass Mädchen sehr viel schlauer sind als Jungs?"
Der Junge schaut ungläubig und antwortet: „Nein, das wusste ich gar nicht."
Das Mädchen grinst: „Siehst du."

Ein Pinguin geht zu einem Fotografen und möchte bei diesem gerne Passbilder für seinen neuen Ausweis machen lassen.
„Ich möchte gerne Passbilder." Sagt er.
„Gerne." Antwortet der Fotograf.
„In Farbe oder in schwarz-weiß?"

Opa und Anna unterhalten sich. Plötzlich stellt Opa seiner Enkelin eine Frage.
„Was ist Wind?"
Anna muss kurz überlegen, weiß dann aber die Antwort:
„Wind ist Luft, die es ganz besonders eilig hat."

Eine Frau geht in eine Bibliothek und wendet sich an die Bibliothekarin:
„Hallo, ich hätte gerne eine Portion Pommes mit Ketchup und Mayonnaise."
Die Bibliothekarin schaut die Frau verwirrt an und antwortet:
„Sie befinden sich hier in einer Bibliothek."
„Achso, entschuldigen sie bitte."
Dann flüstert sie: „Ich hätte gerne eine Portion Pommes mit Ketchup und Mayonnaise."

Die Ferien haben gerade angefangen und die Mutter macht ihrem Sohn Julian einen Vorschlag.
„Julian, wenn du es die gesamten Ferien hinweg schaffst, dein Zimmer ordentlich zu halten und keine Unordnung zu machen, darfst du dir am Ende der Ferien etwas wünschen."
Die Ferien vergehen und Julian hat es wirklich geschafft, Ordnung zu halten und sein Zimmer jeden Tag aufzuräumen. Die Mutter sagt:

„Sehr gut Julian. Jetzt darfst du dir etwas wünschen."

„Ok, dann wünsche ich mir einen Hund." Sagt er.

Die Mutter schüttelt mit dem Kopf.

„Nein Julian, das geht nun wirklich nicht. Wünsch dir was anderes."

Julian überlegt kurz und äußert dann seinen anderen Wunsch:

„Dann möchte ich einen Tag lang der Mann der Familie sein."

„Na gut." Willigt die Mutter ein.

„Gut, dann gehen wir jetzt sofort zur Zucht und kaufen dem Jungen den Hund, den er sich schon so lange wünscht."

Es geht um die Zeitformen von Verben und Sätzen. Der Lehrer fragt seine Schüler:

„Was für eine Zeit ist es, wenn ich sage „Ich bin krank."?"

„Eine sehr schöne Zeit."

Es treffen sich ein Auge und ein Bein. Sie sitzen auf einer Bank und unterhalten sich. Als sie fertig ist, verabschiedet sich das Auge und sagt:

„Ich geh dann mal."

Das Bein fängt daraufhin an zu lachen und antwortet: „Das will ich sehen."

Zwei Freundinnen treffen sich in der großen Pause auf dem Schulhof. Die erste Freundin erzählt der zweiten Freundin davon, dass sie gestern drei Hufeisen gefunden hat. Sie fährt fort und freut sich:

„Weißt du, was das bedeutet?"

„Ja – das ein Pferd jetzt wahrscheinlich barfuß läuft?!"

Die Enkel gehen ihren Opa wieder einmal besuchen. Der Opa begrüßt seine Enkel erfreut und sagt:

„Jetzt kann ich euch endlich wieder hören. Ich habe nämlich endlich ein neues Hörgerät."

„Oh schön, und wie viel hat es gekostet?" Fragt einer der Enkel nach.

Lachend schüttelt der Opa seinen Kopf: „Nein, keine Sorge – es rostet nicht."

Der Deutschlehrer geht in ein Restaurant, setzt sich an den Tisch und lässt sich von dem Kellner die Karte bringen. Er studiert sie intensiv und liest sich jede Seite einzeln durch. Nach einer halben Stunde kommt der Kellner wieder und fragt den Lehrer:
„Und – haben Sie was gefunden?"
„Allerdings." Antwortet der Lehrer.
„Vier Rechtschreibfehler."

Treffen sich zwei Frauen zu ihrer Abnehmgruppe. Die erste Frau fragt die zweite Frau:
„Und...? Wie viel wiegst du?"
Die zweite Frau antwortet: „Frag mich mal was Leichteres!"

Im Biologieunterricht spricht die Lehrerin mit ihren Schülern gerade über den Maulwurf. Sie erklärt den Schülern, dass der Maulwurf immer nur so viele Insekten frisst, wie er selbst wiegt. Die Schüler wundern sich und fragen nach: „Woher weiß der Maulwurf denn so genau, wie viel er wiegt?"

Ein Mann ruft sich ein Taxi. Es kommt sofort und er steigt ein. Der Taxifahrer fährt los und spricht kein Wort. Also beschließt sich auch der Passagier dazu, kein Wort zu sagen und still zu bleiben. Als er eine Frage an den Taxifahrer hat, beschließt er, diesen nicht direkt anzusprechen, sondern ihm auf die Schulter zu tippen. Als er das tut, schreit der Taxifahrer laut auf und verliert die Kontrolle über das Auto. Er kann einem entgegenkommenden Bus nur knapp ausweichen und kommt schließlich nur wenige Zentimeter vor einem Laternenpfahl zum Stehen.
Nun spricht der Taxifahrer: „Erschrecken Sie mich nie wieder so!"
Der Passagier weiß nicht, was er falsch gemacht hat und fragt nach:
„Was habe ich denn gemacht? Ich habe Ihnen doch nur auf die Schulter getippt."
Trotzdem entschuldigt er sich bei dem Taxifahrer. Daraufhin sagt dieser:
„Ist nicht so schlimm. Sie konnten ja nicht wissen, dass heute mein erster Arbeitstag als Taxifahrer ist. Die letzten 25 Jahre bin ich Leichenwagen gefahren.

Peter hat keine Lust mehr und quengelt: „Mama ich will gar nicht nach Amerika."
„Peter, sei leise und schwimm weiter!"

Im Biologieunterricht zeigt der Lehrer seinen Schülern ein Foto von einem grünen Schmetterling und wendet sich dann an Leon:
„Leon – weißt du, was das für ein Schmetterling ist?"
„Ein Zitronenfalter." Antwortet Leon sicher.
„Aber Leon – der Schmetterling ist grün und nicht gelb."
Leon denkt noch einmal kurz nach und sagt: „Vielleicht ist er einfach noch nicht reif."

Zwei Schafe treffen auf der Wiese aufeinander.
Das erste Schaf sagt laut: „Määäääh"
Daraufhin erwidert das zweite Schaf: „Ne – mäh doch selber."

Der Lehrer fragt seine Schüler nach den drei Eisheiligen.
„Wer kann mir die drei Eisheiligen nennen?" fragt er und blickt in die Klasse.
Lisa meldet sich und sagt: „Lagnese, Schöller und Mövenpick!"

Bei einem Vorstellungsgespräch möchte der Chef wissen wie der Bewerber heißt.
„Ich heiße Pause." Sagt er und der Chef schüttelt mit seinem Kopf.
„Es tut mir leid. Ich kann Sie nicht einstellen. Wenn ich Sie rufe, hören mir ja alle Arbeiter auf zu arbeiten."

Zwei Männer unterhalten sich.
Der erste Mann fragt den zweiten Mann: „Wenn ich Ihnen eine Skala von 1 bis 10 gebe, wie gerne diskutieren Sie?"
„Kann ich auch die Zahl 11 wählen?" fragt der zweite Mann.
„Nein."
Daraufhin sagt der zweite Mann: „Und wieso nicht?"

Der Vater und der Sohn unterhalten sich, während sie auf den Zug warten. Der Vater ärgert sich, weil der Zug wieder einmal zu spät kommt. Der Sohn versucht den Papa zu beruhigen.
„Papa, keine Sorge. Es gibt einen Zug, welcher noch mehr Verspätung hat."
Der Vater schüttelt seinen Kopf und antwortet: „Das kann gar nicht sein. Um welchen Zug soll es sich denn dabei handeln?"
„Um den Zug, welchen du mir letztes Jahr zu Weihnachten schenken wolltest."

Ein Mann geht in eine Tierhandlung und sucht nach einem ganz bestimmten Tier. Er wendet sich mit seinem Anliegen an den Mitarbeiter: „Haben Sie hier auch Affen."
Der Mitarbeiter hebt seinen Zeigefinger und sagt: „Ja, warten Sie einen kleinen Moment, ich hole eben meinen Chef."

Lisa geht mit ihrer Mutter in ein Konzert. Sie lauschen der Musik, doch Lisa kann ihre Augen nicht von dem Mann mit dem Stock in der Hand nehmen. Verwundert fragt sie ihre Mama:

„Mama, warum droht der Mann mit dem Stock in der Hand den Menschen so?"

„Lisa er droht nicht, sondern er dirigiert."

„Und warum schreit er dann so?"

Im Matheunterricht stellt der Lehrer seinen Schülern eine Rechenaufgabe. Nach 10 Minuten meldet sich Rita.

„Ja Rita?"

„Ich habe die Aufgabe jetzt schon 8 Mal nachgerechnet Herr Lehrer." Sagt sie.

„Super – und, wie lautet das Ergebnis?" fragt er.

„Wollen Sie jetzt wirklich alle 8 hören?"

Ein Mann geht an einem See spazieren und sieht am Ufer eine Ente. Er möchte sie sich genauer ansehen und beugt sich etwas zu weit nach vorne. Dabei verliert er das Gleichgewicht und fällt ins Wasser. Wild strampelnd ruft er laut um Hilfe, bis ihn ein Ruderer hört und rettet. Als er ihn in sein Boot gezogen hat, fragt er ihn: „Können Sie nicht schwimmen?"

„Doch."

„Wieso sind Sie dann nicht geschwommen?"

Der Mann zeigt auf das Schild, welches am Wegrand angebracht ist.

„Da steht, dass Schwimmen verboten ist."

Es ist ein kalter Tag im Winter und eine Frau beschließt sich dazu, einen Spaziergang am nahegelegenen See zu machen. Am Ufer des Sees sitzt sie einen Mann sitzen. Seine Wange ist rot und dick. Sie nähert sich dem Mann und fragt ihn besorgt: „Geht es Ihnen gut? Haben Sie Zahnschmerzen?"

Daraufhin antwortet der Mann: „Mir geht es gut, aber irgendwie muss ich die Würmer bei dem kalten Wetter ja auftauen."

Die Familie Braun hatte sich schon seit Monaten auf ihren Urlaub gefreut. Als sie an ihrem Ziel ankommen regnet es jedoch. Auch die nächsten Tage laufen nicht besser und es regnet immer weiter. Sie treffen bei ihrer Tour durch die Stadt auf einen Einheimischen und fragen ihn, ob das Wetter immer so schlecht sei. Daraufhin antwortet der Einheimische: „Nein, nur, wenn das Wetter schlecht ist."

Lauras Eltern haben die Oma und den Opa zum Essen eingeladen. Alle sitzen gemeinsam am Tisch und Laura spricht mit vollem Mund. Die Oma schaut sie entsetzt an und sagt: „Aber Laura, wie kann man nur mit einem vollen Mund reden?" „Ach Oma, das ist alles Übung."

Im Erdkundeunterricht fragt der Lehrer Franz, wo sich der Mount Everest befindet. Daraufhin holt Franz sein Geschichtsbuch hervor und sagt: „Hier – auf Seite 73."

Nachdem die Lehrerin die Aufsätze ihrer Schüler korrigiert hat und sie ihnen zurückgibt, wendet sie sich an Hans.
„Sag mal, Hans, hast du schon einmal etwas von Rechtschreibung gehört?"
„Natürlich" grinst Hans.
„Die gilt aber nicht für mich – ich bin Linkshänder!"

Der Arzt versucht seinen Patienten zu beruhigen. Dieser ist bei dem Gedanken an seine bevorstehende Operation aufgeregt und kann kaum atmen.
„Keine Sorge, Herr Müller. Ich habe diese Operation bereits 40 Mal durchgeführt. Einmal muss sie klappen."

Die große Schwester und die kleine Schwester unterhalten sich. Die große Schwester sagt: „Ich weiß, wieso du immer Bauchschmerzen hast."
„Wieso?" fragt die kleine Schwester.
„Weil du nichts im Bauch hast."
„Achso, das erklärt auch, wieso du immer Kopfschmerzen hast…"

Ein Arzt geht zum Arzt. Als ihn der Arzt in sein Sprechzimmer holt, betrachtet er es von oben bis unten und sagt: „Ohje, da hätten Sie aber früher kommen müssen."

Ein Mann möchte sich gerne einen Hund kaufen und geht für diese Zwecke in eine Tierhandlung. Er fragt die Verkäuferin dort nach den Preisen für die Hunde.
„Wie viel kostet der Hund dort mit dem braunen Fell und den langen Schlappohren?"
„Der kostet 90 Euro." Sagt die Verkäuferin. Der Mann überlegt kurz und macht der Verkäuferin einen Vorschlag.
„Wie wäre es mit der Hälfte?"
„Tut mir leid, mein Herr. Aber wir verkaufen ausschließlich ganze Hunde."

Oma und Opa möchten Max abholen, um zusammen mit ihm in ein Restaurant essen zu gehen. Die Oma schaut ihren Enkel entzückt an und sagt: „Max, das sieht wirklich gut aus – die schwarzen Socken zu der weißen Hose."
„Aber Oma, ich habe doch gar keine Socken an."

Frau Müller putzt das Haus und singt dazu aus voller Kehle. Plötzlich steht ihr Mann hinter ihr und tippt ihr verärgert auf die Schulter. Als sich die Frau zu ihm umdreht, sagt er:
„Das hättest du mir früher sagen können, dass du singst. Ich stehe seit einer halben Stunde im Garten und öle ihn, um das schreckliche Quietschen endlich verschwinden zu lassen.

Ein Mann läuft einer Frau die ganze Zeit über durch die Stadt hinterher. Irgendwann wird es der Frau zu viel und sie dreht sich genervt zu dem Mann um, um ihn zur Rede zu stellen.
„Wieso laufen Sie mir die ganze Zeit hinterher?"
Der Mann sieht der Frau direkt ins Gesicht und sagt: „Jetzt, da Sie sich umgedreht haben und mich ansehen, frage ich mich das auch."

Max und seine Mutter sitzen zusammen am Frühstückstisch und frühstücken. Max möchte sich gerne ein Brot mit Marmelade machen, aber die Marmelade steht zu weit weg.
„Mama gib mir die Marmelade." Sagt er.
Seine Mutter schüttelt den Kopf und sagt: „Wie lautet das Zauberwort?"
Max zuckt mit den Schultern.
„Es ist das Wort mit den zwei t." hilft sie ihm und schaut ihn erwartungsvoll an.
„Flott."

Hans und seine Mutter sind zusammen in der Stadt unterwegs. Während die Mama die Angebote im Schaufenster betrachtet, läuft Hans ein paar Meter weiter. Wenig später kommt er zu seiner Mutter zurück und sagt: „Mama ich brauche bitte einen Euro."
„Wozu denn?" fragt die Mutter nach.
„Für einen armen Mann, der an der Ecke da vorne steht und schreit."
Die Mutter lächelt und sagt: „Ich freue mich, dass du einem alten Mann helfen möchtest. Aber was ruft er denn?"
„Eiscreme für nur einen Euro."

Thomas sucht nach seiner Eisenbahn auf dem Dachboden. Während er auf dem Dachboden hin und her geht, sieht er in einer Ecke seinen alten Laufstall stehen. In diesem war er immer, als er noch ein kleines Baby gewesen war. Er läuft runter zu seinen Eltern und ist ganz aufgeregt.

Er sagt: „Mama und Papa, wir bekommen ein neues Baby."

Die Eltern schauen Thomas verwundert an und fragen ihn: „Wie kommst du denn darauf?"

„Na – die Falle habt ihr doch schon aufgestellt."

Bei der Familie Müller klingelt das Telefon und der kleine Tom geht dran.

„Hallo? Wer ist denn da?"

„Hier ist Herr Meier. Ich möchte gerne mit deiner Mutter sprechen. Ist sie da?"

„Ja."

„Kann ich sie kurz sprechen?"

Tom verneint und Herr Müller versucht es weiter.

„Ist denn dann vielleicht dein Vater da?"

„Ja."

„Kann ich vielleicht mit ihm sprechen?"

Wieder verneint Tom.

„Ist denn niemand da, mit dem ich sprechen kann?" fragt Herr Müller am anderen Ende der Leitung. Tom verneint wieder.

„Wer ist denn Zuhause?" fragt Herr Müller nach.

„Die Polizei."

„Die Polizei?" fragt Herr Müller erstaunt und fragt, ob er mit einem der Polizisten sprechen könne.

„Nein, die sind beschäftigt."

„Ist sonst kein anderer da?"

„Doch – die Feuerwehr."

„Dann gib mir bitte einen der Feuerwehmänner."

„Das geht nicht." Antwortet Tom.

„Wieso?"

„Die sind auch beschäftigt."

„Was machen die denn alle?" fragt Herr Müller verärgert.

„Sie suchen mich."

Der kleine Ben möchte gerne mit seinem Papa im Auto fahren und den Einkauf erledigen. Die Mutter möchte Zuhause bleiben und arbeiten. Also fahren Ben und sein Vater alleine los. Als sie nach einigen Stunden wieder zurück nach Hause kommen, fragt die Mutter:
„Na, wie war es?"
„Klasse!" antwortet Ben und fährt dann fort:
„Wir haben drei Hornochsen, zwei Knallköpfe und einen Vollidioten überholt."

Max verbringt eine Woche seiner Ferien auf dem Bauernhof. Gerade zu der Zeit, als er auf dem Bauernhof ist, kommt ein Kälbchen zur Welt. Um Max auf die Geburt vorzubereiten, erklärt er ihm, wie das Kälbchen auf die Welt kommt. Er sagt:
„Erst sind die Vorderbeine draußen. Darauf folgt dann der Kopf. Nach dem Kopf kommen die Schultern, der Körper und erst ganz zum Schluss die Hinterbeine.
Max schaut den Bauern verwundert an.
„Und wer bastelt dann die Kuh aus den ganzen Einzelteilen?"

Lea meldet sich, bevor der Lehrer die Hausaufgaben der Schüler überprüft.
„Ja Lea" fragt der Lehrer und schaut sie an.
„Herr Lehrer, es ist doch richtig, dass man nicht für Dinge bestraft werden kann, welche man nicht gemacht hat, oder?"
„Das ist richtig Lea."
„Puh – das ist gut. Ich habe nämlich meine Hausaufgaben nicht gemacht."

Zwei Gespenster treffen und unterhalten sich. Das letzte Mal, als sie sich gesehen hatten, waren sie auf der Suche nach einem Job gewesen.
Das erste Gespenst fragt das zweite Gespenst: „Und hast du deinen Job in dem Restaurant bekommen, von welchem du mir das letzte Mal erzählt hast?"
„Ja."
„Wirklich? Den Job als Kellner?" fragt das erste Gespenst

begeistert nach.

„Nein. Als Tischtuch."

Paul besucht seinen Onkel. Der Onkel besitzt sehr viele Vasen und Teller, welche frei auf den Möbeln stehen. Als er das Wohnzimmer verlässt, um etwas zu trinken zu holen mahnt er Paul dazu, auch ja keine Vasen oder Teller anzufassen. Paul nickt, kann der Versuchung aber nicht widerstehen und nimmt eine Vase in die Hand. Die rutscht ihm aus der Hand und die Vase zerbricht in unzählige Einzelteile.

Sofort kommt Pauls Onkel zurück ins Zimmer und schreit: „Oh nein, diese Vase war aus dem 16. Jahrhundert."

Paul atmet erleichtert auf: „Zum Glück. Und ich dachte schon, sie sei neu."

Tante Else hat ihrer Nichte Ute ein Fahrrad geschenkt und kommt sie wenige Tage später besuchen, um sich darüber zu informieren wie ihr das Fahrrad gefällt.

„Na, Ute. Wie geht dein neues Fahrrad?"

Ute erwidert: „Tante Else, mein Fahrrad geht nicht, sondern es fährt."

Daraufhin fragt Tante Else sie: „Na gut, wie fährt denn dein neues Fahrrad?"

Ute antwortet: „Es geht!"

Der Kontrolleur prüft, ob die Fahrgäste im Bus auch alle in dem Besitz einer gültigen Fahrkarte sind. Als er bei einer älteren Oma ankommt, zeigt ihm diese die Fahrkarte.

Der Kontrolleur schaut sich diese für eine kurze Zeit an und sagt schließlich:

„Verehrte Frau, das ist eine Fahrkarte für Kinder."

Die alte Frau nickt zustimmend: „Da können Sie mal sehen, wie lange ich auf diesen Bus gewartet habe."

Ein Mann möchte gerne mit der Rolltreppe fahren, da er keine Treppen steigen will. Bevor er auf die Rolltreppe geht, entdeckt er das Schild, welches an dieser angebracht ist. Auf dem Schild steht: „Auf der Rolltreppe ist er verpflichtend Hunde zu tragen."

Der Mann schaut sich verzweifelt umher und fragt sich: „Na toll, wo soll ich denn jetzt auf die Schnelle einen Hund herbekommen?"

Erna wendet sich verzweifelt an ihren Arzt. Als er sie in das Sprechzimmer ruft, schildert sie ihm ihr Problem.
„Herr Doktor, ich weiß einfach nicht mehr weiter… Ich höre immer Stimmen, kann aber nie jemanden sehen."
„Wann passiert das denn?" fragt der Arzt nach.
„Immer, wenn ich am Telefon bin."

Ein Mann rennt um sein Leben. Er läuft immer schneller und schneller und kommt schließlich außer Atem an dem Bootssteg an. Er holt mit dem Koffer in seiner rechten Hand aus und schleudert diesen mit ganzer Kraft auf das Boot, welches sich in einer circa 3-Meter weiten Entfernung vom Steg befindet.
Er wartet nicht lange und springt schließlich selbst hinterher. Mit seinen letzten Kräften kann er sich auf das Boot hieven. Oben angekommen atmet er erleichtert aus und sagt: „Endlich geschafft."
Die Menschen auf dem Bott schauen ihn an, bis sich einer der Seeleute an den Mann persönlich wendet:
„Das war gar nicht so schlecht. Aber, erlauben Sie mir eine Frage… Wieso haben Sie nicht einfach ein paar Minuten gewartet, bis wir anlegen?"

Ein Auto fährt auf der Autobahn. Auf dem Weg muss es über eine Brücke fahren. Als der Fahrer des Autos über die Brücke fährt und schon beinahe am Ende angekommen ist, hält die Polizei das Auto an. Mit Schweißperlen auf der Stirn lässt der Fahrer das Fenster herunter und begrüßt den Polizisten. Der Polizist sagt: „Herzlichen Glückwunsch. Sie haben gewonnen. Sie sind der hunderttausendste Autofahrer, welcher heute die Brücke überquert. Damit sind Sie der stolze Gewinner von 1000 Euro. Was wollen Sie denn mit dem vielen Geld machen?"
Der Fahrer des Autos lächelt und antwortet: „Oh, dann werde ich wohl erst einmal den Führerschein machen."
Die Oma neben ihm lacht nervös, als sie den Gesichtsausdruck des Polizisten sieht und mischt sich ein.
„Ach, hören Sie nicht auf ihn. Er ist betrunken."
Daraufhin mischt sich auch der Opa hinten ein. Er hat nicht mitbekommen, dass sie gerade 1000 Euro gewonnen haben und beschwert sich: „Ich habe es gewusst, dass wir mit dem gestohlenen Auto nicht sehr weit kommen würden."
Nachdem sie schon seit über 3 Minuten an einer Stelle standen ertönt die Stimme aus dem Kofferraum:
„Sind wir schon über der Grenze?"

Im Radio gibt es eine Eilmeldung für die A12. Der Sprecher im Radio warnt die Autofahrer, welche auf dieser Autobahn unterwegs sind: „Bitte fahren sie vorsichtig und passen Sie auf. Es kommt Ihnen ein Geisterfahrer entgegen.
Der Mann im grünen Auto schüttelt empört seinen Kopf und schimpft:
„Wenn es nur einer wäre – Hunderte!"

Eine ältere Dame sucht sich im Zug einen Sitzplatz aus und setzt sich hin. Ihr gegenüber befindet sich ein junger Mann, welcher die gesamte Zugfahrt hinweg auf seinem Kaugummi kaut.
Die ältere Dame wendet sich an den jungen Mann kurz bevor sie aussteigt und sagt ihm:
„Ich finde es ganz reizend von Ihnen, dass Sie die ganze Zeit mit mir geredet haben, aber ich habe leider mein Hörgerät Zuhause vergessen und kann Sie nicht hören."

Auf einem langen Flug geht die Stewardess durch die Gänge und verteilt Kaugummi an die Passagiere auf den Plätzen. Während sie den Kaugummi verteilt sagt sie: „Der ist gut für die Ohren."
Wenig später ruft Heinz die Stewardess zu sich und hat ein sehr dringendes Anliegen.
„Können Sie mir bitte einmal sagen, wie ich dieses Zeug wieder aus meinen Ohren rausbekommen soll?"

Ein Junge fährt im Bus und niest die gesamte Zeit und zieht seine Nase hoch. Irgendwann wird es einem der Fahrgäste zu viel und er fragt den Jungen gereizt: „Hast du denn gar kein Taschentuch dabei?"
Der Junge nickt und antwortet: „Doch, natürlich. Aber das verleihe ich nicht."

Daniel fährt auf seinem Fahrrad. Allerdings ist er ohne Helm unterwegs und trifft auf seiner Fahrt durch die Straßen auf einen Polizisten. Dieser hält ihn an und fragt ihn:
„Wie heißt du?"
Daniel antwortet: „Mein Name ist Daniel Braun."
Der Polizist nickt und schreibt auf seinem Notizblock mit.

Dann fragt er: „Und dein Alter?"
„Auch Braun."

Eine Frau hat es sehr eilig und ruft sich ein Taxi. Vollkommen
außer Atem und unter Zeitdruck wendet sie sich an den
Taxifahrer und fragt ihn: „Wie komme ich auf dem schnellsten
Weg ins Krankenhaus?"
Der Taxifahrer überlegt kurz und antwortet der Frau dann.
„Wenn Sie es sehr eilig haben, dann habe ich einen Tipp für Sie."
Die Frau schaut ihn erwartungsvoll an und wartet darauf, was er
wohl sagen wird.
„Sie schließen einfach die Augen und machen ein paar Schritte
auf die Hauptstraße. Innerhalb weniger Minuten wird man Sie
dann mit Blaulicht ins Krankenhaus bringen. Schneller ist nichts."

In einer großen und weiten Wüste treffen sich zwei Eisbären und
kommen ins Gespräch.
Der erste Eisbär sagt zum zweiten Eisbär: „Hast du auch den
ganzen Sand hier gesehen?"
„Ja." Antwortet der zweite Eisbär und fügt hinzu:
„Die müssen hier einen sehr strengen Winter haben, wenn sie so
viel Sand streuen."

Zwei Zahnstocher gehen durch den Wald spazieren und kommen
an den unterschiedlichen Tieren des Waldes vorbei. Als sie den
Igel sehen halten sie kurz inne und schauen sich verdattert an
und der eine Zahnstocher sagt zu dem anderen:
„Ich wusste gar nicht, dass hier ein Bus fährt."

Ein Tourist hat sich in der Wüste verlaufen und trifft nach vielen
Wochen des Irrens endlich auf einen Beduinen. Erfreut darüber,
dass er nun endlich Hilfe bekommt, wendet er sich an den
Einheimischen und fragt ihn: „Wie komme ich denn von hier auf
dem schnellsten Weg in das nächste Dorf?"
Der Beduine hält kurz inne und überlegt. Dann antwortet er:
„Sie fahren immer geradeaus und in circa 4 Tagen biegen Sie
links ab. Dann sind sie da."

In der Stadt zieht ein Mann die Aufmerksamkeit aller Passanten auf sich. Das liegt daran, dass er nicht alleine unterwegs ist, sondern mit einem Pinguin auf seinem Arm durch die Straßen läuft.

Ein Passant spricht ihn auf den Pinguin an und fragt ihn: „Woher haben Sie denn den Pinguin? Das ist ja kein gewöhnliches Haustier…"

Der Mann antwortet: „Der ist mir zugelaufen. Ich weiß nicht, was ich mit ihm machen soll. Haben Sie vielleicht einen Tipp für mich?"

Der Passant überlegt kurz und sagt dann: „Bringen Sie ihn doch einfach in den Zoo."

„Das ist eine gute Idee – danke" erwidert der Mann und verabschiedet sich.

Der Passant hat noch einige Erledigungen zu tun und geht ins Kaufhaus.

Wenige Stunden später treffen die beiden wieder aufeinander und der Passant stellt fest, dass sich der Mann immer noch in der Begleitung des Pinguins befindet. Er beschließt sich dazu, den Mann erneut auf den Pinguin anzusprechen.

„Wollten Sie mit dem Pinguin nicht in den Zoo gehen?"

Der Mann nickt und antwortet: „Doch, natürlich. Da waren wir auch. Jetzt gehen wir ins Kino und heute Abend ins Fischrestaurant zum Essen."

Zwei Tauben treffen sich wie jeden Tag auf dem Dach eines
Hochhauses und unterhalten sich. Nebenbei betrachten sie den
Himmel. Plötzlich sieht eine der beiden Tauben ein Flugzeug,
aus welchem aus dem hinteren Teil sehr viel Rauch kommt.
„Schau mal." Sagt die erste Taube und zeigt mit ihrem Schnabel
auf das Flugzeug.
„Das hast es aber eilig!"
Daraufhin schaut auch die zweite Taube hinauf in den Himmel
und antwortet der ersten Taube:
„Kein Wunder. Ich möchte dich mal sehen, was du machst, wenn
dir der Hintern so qualmt."

Gerd bekommt nach langer Zeit Besuch von einem alten
Bekannten, welchen er schon seit vielen Jahren nicht mehr
gesehen hat. Sie sitzen zusammen im Wohnzimmer und
unterhalten sich über die alten Zeiten.
Plötzlich kommt der Hund von Gerd in das Zimmer und sagt:
„Gib mit bitte die Zeitung."

Während Gerd die Zeitung greift, bleibt sein Bekannte, wie versteinert, sitzen und starrt erst Gerd und dann den Hund an. Er bekommt kein Wort aus seinem Mund, doch Gerd sieht seinen schockierten Blick und sagt: „Ach was, du musst nicht geschockt sein. Der möchte nur wieder angeben. Er kann gar nicht lesen – er schaut sich immer nur die Bilder an."

Eine Dame sitzt im Wartezimmer einer Arztpraxis. Auf ihrem Schoß befindet sich ein kleiner Papagei. Als die Arzthelferin die Dame mit dem Papagei sieht, wendet sie sich an sie und sagt: „Entschuldigen Sie bitte, aber das hier ist kein Tierarzt. Wir sind eine Psychiatrie."
„Ich weiß, ich weiß." Erwidert die Dame und schaut der Arzthelferin in die Augen.
„Ich bin wegen meinem Mann hier."
„Ihrem Mann?" fragt die Arzthelferin nach.
„Ja – er bildet sich ein, ein Papagei zu sein."

Ein Schaf läuft durch Hollywood und spaziert durch das gesamte Gelände. Er schaut sich die Kulissen an und trifft auf viele unterschiedliche Schauspieler. Als es weitergeht kommt es plötzlich in einen großen Raum, in welchem sich viele unterschiedliche Filmrollen befinden. Es frisst eine der Filmrollen auf und möchte gerade gehen. Als es gerade durch die Tür gehen möchte, trifft es auf ein anderes Schaf, welches sich in dem Raum umsieht. Es fragt das Schaf:
„Wie hat die Rolle denn geschmeckt?"
Das Schaf schluckt den Rest der Rolle herunter und antwortet: „Nicht schlecht, aber, wenn du mich so fragst – das Buch war besser."

Eine Robbe unterhält sich mit seiner Mutter. Sie reden über die Zukunft. Die Mutter sagt zu der Robbe:
„Ich habe lange und intensiv über deine Zukunft nachgedacht."
Die Robbe erwidert: „Und, was hast du dir vorgestellt?"
Die Mutter antwortet: „Meiner Meinung nach hast du genau zwei Möglichkeiten."
„Und welche?"

„Entweder lernst du jonglieren und Fische mit deinem Mund zu fangen oder du wirst Pelzmantel."

Ein LKW möchte mit seiner Ladung über die Grenze fahren. Wie es der Zufall so will, wird er von dem Zoll herausgewinkt. Der Zöllner wendet sich an den Fahrer und fragt ihn: „Haben Sie etwas zu verzollen?"
Der Fahrer schüttelt mit seinem Kopf und sagt: „Nein, gar nichts."
Der Zöllner glaubt dem Fahrer nicht und besteht darauf, einmal einen genauen Blick auf die Ladung des LKWs zu werfen.
„Machen Sie bitte einmal die Plane nach oben." Fordert er den Fahrer auf, welcher aus dem LKW aussteigt und ihm die Ladefläche zeigt.
Der Zöllner kann seinen Augen kaum glauben und schüttelt mit seinem Kopf.
„Sie haben mir doch gesagt, dass Sie nichts zu verzollen haben." sagt er.
„Habe ich auch nicht." Beharrt der Mann auf seinen Angaben.
„Also hören Sie mal!" ruft der Zöllner empört und fährt fort: „Sie können doch nicht einfach so einen Elefanten über die Grenze transportieren. Und wieso hat er an seinen Ohren je eine Scheibe Zwieback kleben?"
„Bezüglich eines Elefanten mögen Sie Recht haben, aber es ist ja wohl meine Sache, was ich mir auf meinen Zwieback schmiere."

Zwei Geschwister unterhalten sich und kommen auf unterschiedliche Tiere zu sprechen. Sie haben von ihrer Mutter ein Buch der Tierwelt geschenkt bekommen und stoßen auf die unterschiedlichsten Tiernamen. Während die Schwester in dem Buch blättert, stößt sie auf einen Namen, welchen sie nicht kennt.
Die Schwester fragt ihren Bruder deshalb:
„Weißt du, was ein Rotkelchen ist?"
Der Bruder nickt und sagt: „Das ist ein verrückter Fisch."
Die Schwester denkt kurz nach und liest weiter in ihrem Buch.
Dann wendet sie sich erneut an ihren Bruder:
„Aber hier steht, dass er von Ast zu Ast hüpft."

„Na bitte – daran kannst du doch super erkennen, wie verrückt er ist."

In Australien beobachten die Bewohner seit einigen Stunden eine Känguru-Mutter, welche, wie verrückt, durch die Gegend hüpft und sich kratzt. Als sich einige Menschen dazu beschließen nachzusehen, ob sie der Känguru-Mutter helfen können, hören sie bereits vom Weiten mit dem Kind schimpfen.
„Ich habe dir jetzt bestimmt schon 20 Mal gesagt, dass du den Zwieback draußen und nicht in deinem Bett essen sollst!"

Eine Frau begibt sich in einen Tierfachhandel, um sich einen neuen Trinknapf für ihren Hund zu kaufen. Als sie sich für ein Modell entschieden hat, fragt sie der Verkäufer, ob sie einen weiteren Wunsch hätte.
„Ich kann Ihnen auch eine Aufschrift auf den Napf anbringen. Wie wäre es mit „Für den Hund"?"
Die Dame lehnt das Angebot freundlich ab und schüttelt ihren Kopf.
„Nein Danke, junger Mann. Mein Mann trinkt eh kein Wasser und mein Hund kann nicht lesen."

Das Telefon klingelt. Da der Rest der Familie gerade nicht da ist, hebt der Hund den Hörer ab und antwortet:
„Wau!"
Die Stimme am anderen Ende der Leitung ist verwirrt und fragt nach: „Bitte?"
Der Hund wiederholt geduldig: „Wau!"
Der Mann fragt erneut nach: „Wer ist da bitte?"
Da verliert der Hund langsam die Geduld und sagt: „Wau. W wie Willi, A wie Anton und U wie Ulla."

Ein Mann ist mit seinem Auto auf den Straßen unterwegs und kommt plötzlich mitten auf der Landstraße zum Stehen.
Verzweifelt steigt er aus seinem Auto aus und schaut sich um. Hinter ihm befindet sich ein Zaun. Hinter dem Zaun steht ein Pferd auf der Wiese und wendet sich an den Mann: „Der Vergaser ist kaputt."

Der Mann erschreckt sich zu Tode, als er den Gaul sprechen hört und rennt vor lauter Schreck die Straße entlang, bis er an einer Tankstelle ankommt. Außer Atem betritt der die Tankstelle und wendet sich hilfesuchend an den Tankwart.

„Ich habe gerade ein Erlebnis mit einem sprechenden Pferd gehabt. Es hat gesagt, dass der Vergaser Schuld an meinem defekten Auto ist."

Der Tankwart hört dem Mann aufmerksam zu und fragt dann:

„War das in etwa 2 Kilometer von hier entfernt?"

Der Mann nickt und der Tankwart fragt weiter:

„War das Pferd ein alter brauner Gaul mit gestutztem Schwanz?"

Der Mann nickt erneut energisch. Der Tankwart winkt mit seiner rechten Hand ab.

„Ach, lassen Sie sich von dem nichts erzählen. Der hat von Vergasern absolut keine Ahnung."

Ein Holzwurm kommt nach der Arbeit nach Hause zu seiner Frau und berichtet ihr von seinem Tag auf der Arbeit. Plötzlich fällt ihm das wichtigste Erlebnis ein.

„Heute ist die Holzladung aus Hongkong angekommen. Was meinst du, sollen wir später chinesisch Essen gehen?"

Ein Hase hoppelt auf seinem Weg nach Hause an einer Tankstelle vorbei und bleibt vor der Zapfsäule stehen. Es fragt sie: „Bist du ein Roboter?" Doch die Zapfsäule antwortet nicht. Deshalb versucht es das Häschen ein bisschen lauter und schreit: „Bist du ein Roboter?"
Die Zapfsäule antwortet wieder nicht. Da wird es dem Hasen zu blöd und er sagt:
„Jetzt nimm doch endlich einmal deine Finger aus den Ohren. Es ist ja kein Wunder, dass du mich nicht verstehen kannst."

Eine Maus und eine Katze gehen in eine Bäckerei. Während sich die Maus das Angebot ansieht und überlegt, wofür sie sich entscheiden soll, wartet die Katze geduldig hinter ihr.
Die Maus hat sich endlich entschieden und wendet sich an die Verkäuferin:
„Ich hätte gerne ein Stück von dem hausgemachten Pflaumenkuchen mit Sahne."
„Gerne." Nickt die Verkäuferin und wendet sich dann an die Katze.
„Und was darf es für Sie sein?" fragt sie.
„Ich nehme nur einen Klacks Sahne auf die Maus."

Der kleine Holzwurm beschwert sich bei seiner Mutter und bittet sie um Gnade.
„Mama, bitte kein Teakholz! Das ist immer so hart und so schwer zu essen."
Die Mutter kennt jedoch keine Gnade und erwidert:
„Ach was! Iss, mein Kind. Das ist gut für deine Zähne."

Klaus fährt zusammen mit seinem Hund in der Straßenbahn. Als der Kontrolleur die Bahn betritt, zeigt ihm Klaus sein Ticket.
„Das geht so aber nicht." Beschwert sich der Kontrolleur und schaut auf den Hund.
„Bei dieser Größe müssen Sie für den Hund den gesamten Fahrpreis bezahlen."
Klaus erwidert: „Einverstanden. Aber nur unter einer Voraussetzung."
„Welche?" fragt der Kontrolleur.

„Wenn ich den vollen Fahrpreis für meinen Hund zahle, möchte ich auch, dass er einen Sitzplatz bekommt."
„In Ordnung." Erwidert der Kontrolleur und fährt fort:
„Aber achten sie darauf, dass er die Füße nicht auf den Sitzplatz legt."

Julia und ihr Hund spielen zusammen im Park Schach. Die Passanten schauen den beiden gespannt dabei zu. Ein Spaziergänger bleibt stehen und schaut den beiden für einige Zeit zu. Dann wendet er sich an Julia und sagt:
„Sie haben aber einen sehr klugen Hund."
Julia schaut den Passanten skeptisch an und sagt:
„Ach was reden Sie denn da. Er verliert jetzt schon zum vierten Mal."

Eine Spinne hat sich mit viel Mühe und großem Zeitaufwand ein Spinnennetz gewebt und wartet nun schon seit einiger Zeit darauf, dass ihr endlich eine Fliege ins Netz geht. Und tatsächlich sieht es so aus, als ob ihr die Fliege ins Netz kommt, welche geradeaus auf sie zugeflogen kommt.
Die Fliege verfehlt das Netz jedoch nur knapp und die Spinne ruft:
„Freu dich nicht zu früh – morgen erwische ich dich!"
Daraufhin streckt die Fliege ihre Zunge raus und sagt: „Das glaube ich kaum – ich bin eine Eintagsfliege."

Ein Hase geht in den Supermarkt und begibt sich zu den Kühlregalen. Er trifft auf einen Mitarbeiter und spricht ihn an.
„Hast du Milch?"
„Natürlich." Antwortet der Mitarbeiter und führt den Hasen zu der Milch.
„Hast du auch fettarme?" fragt er Hase weiter und der Verkäufer nickt mit seinem Kopf.
„Ja."
„Dann würde ich an deiner Stelle ein Shirt mit langen Ärmeln tragen!"

Ein Kamel und eine Kuh unterhalten sich über ihre Zukunft und darüber, wie sie ihr Geld verdienen wollen. Alle Vorschläge, welche sie sich gegenseitig machen, gefallen ihnen nicht.
Plötzlich kommt ihnen die Idee, sich selbstständig zu machen.
Das Kamel sagt: „Lass uns doch einfach eine Milchbar aufmachen."
Die Kuh überlegt kurz und fragt: „Und wie hast du dir das vorgestellt? Wie sollen wir das machen?"
Das Kamel antwortet: „Ganz einfach – du sorgst für die Milch und ich für die Hocker."

Ein Nashorn sitzt an einer Strandbar auf einem Hocker und trinkt einen Cocktail. Als es fertig ist, bezahlt es den Cocktail und möchte gehen.
Der Barkeeper nimmt das Geld und macht einen abschließenden Kommentar, bevor es die Bar verlässt:
„Ich muss sagen, dass ich noch nie ein Nashorn hier bei mir an der Bar hatte."
Das Nashorn fühlt sich von dem Kommentar jedoch nicht geehrt, sondern wird richtig sauer:
„Ja, das war bei diesen unverschämten Preisen auch bestimmt das letzte Mal."

Ein Mann geht in die Tierhandlung und interessiert sich für einen Schäferhund. Bevor er ihn kauft, informiert er sich lieber kurz darüber, was dem Hund schmeckt und, was ihm nicht schmeckt.
In diesem Zusammenhang fragt er den Verkäufer:
„Mag der Hund auch gerne kleine Kinder?"
Der Verkäufer in der Tierhandlung sagt:
„Ja, sogar sehr. Allerdings ist es für sie billiger, wenn Sie ihm hier bei uns die Hundekuchen kaufen."

Ein Mann begibt sich in ein Musikgeschäft und sieht sich dort genauer um. Nachdem er sich für einige Minuten die unterschiedlichen Instrumente genauer angesehen hat, hat er eine Entscheidung getroffen und wendet sich an den Verkäufer:
„Ich möchte gerne diese Ziehharmonika haben und auch die Trompete da drüben."

Der Verkäufer schaut den Mann an und antwortet:
„Der Feuerlöscher da hinten können Sie gerne mitnehmen, aber die Heizung baue ich Ihnen nicht ab – die bleibt hier!"

Es ist Geisterstunde und pünktlich um Mitternacht klettern zwei Skelette aus ihren Gräbern. Am Tor des Friedhofes sehen sie zwei Fahrräder und beschließen, diese zu nehmen, um auf ihnen ein bisschen herumzufahren. Sie sitzen bereits auf den Sätteln und wollen gerade losfahren, als das eine Skelett von seinem Fahrrad absteigt und nochmal zurück zu seinem Grab rennt.
Das zweite Skelett wartet geduldig und sieht wie das erste Skelett mit seinem Grabstein in der Hand zu ihm zurückkommt und diesen auf seinen Gepäckträger packt.
Es fragt es: „Was soll das denn? Bist du verrückt geworden?"
Daraufhin antwortet das erste Skelett: „Von wegen verrückt. Ich fahre doch nicht ohne meine Papiere."

Eine recht dicke Frau geht in die Apotheke und sieht eine moderne Waage in dieser stehen. Sie beschließt sich auf die Waage zu steigen und sich zu wiegen. Als sie mit dem zweiten Fuß auf die Waage steigt, schlägt diese Alarm und ruft laut: „Immer nur eine Person auf einmal.“

Herr Meier hat es sehr eilig und stürzt hektisch in einen Laden für Haushaltswaren. Er wendet sich an den Verkäufer und sagt: „Ganz schnell eine Mausefalle bitte! Ich muss den Bus unbedingt noch erwischen.“
Der Verkäufer schaut sich im Laden um und wendet sich an Herr Meier:
„Das tut mir leid, aber Fallen in dieser Dimension verkaufen wir nicht.“

Thomas begibt sich in ein Elektrogeschäft und wendet sich auf der Suche nach dem richtigen Artikel an den Verkäufer.
Er sagt: „Ich bin auf der Suche nach sechs bereits durchgebrannten Glühbirnen. Können Sie mir weiterhelfen?“
Der Verkäufer sieht Thomas verwundert an und fragt ihn: „Was wollen Sie denn mit durchgebrannten Glühbirnen machen? Die können Sie doch gar nicht mehr gebrauchen?“
Thomas erwidert: „Ich richte mir gerade meine eigene Dunkelkammer Zuhause ein.“

Das Telefon klingelt und Herr Maier hebt ab.
„Wer ist denn da?“ fragt er den Anrufer. Dieser antwortet: „Huber.“
Da die Verbindung nicht sonderlich gut ist, versteht Herr Maier den Namen des Anrufers nicht und fragt deshalb lieber noch einmal nach.
„Bitte, wer ist an der Leitung?“
Der Anrufer antwortet: „Huber! Heinrich, Ulrich, Birgit, Emilia, Rita.“
Herr Maier ist verwirrt: „Wieso ruft ihr denn gleich zu fünft an?“

Ein dicker Mann und ein dünner Mann treffen sich auf der Straße und kommen ins Gespräch.

Der dicke Mann beißt in seinen Hamburger und begutachtet den dünnen Mann. Dann wendet er sich an ihn und sagt: „Wenn ich dich so anschaue, dann könnte ich glatt den Eindruck bekommen, die Hungersnot sei ausgebrochen."
Der dünne Mann betrachtet daraufhin den dicken Mann und erwidert:
„Und, wenn ich dich so ansehe, dann könnte man meinen, du seist Schuld daran!"

Ralf war mit seinen Freunden in einer Bar und hat dort wieder einmal etwas zu viel Bier getrunken. Er kommt zurück nach Hause zu seiner Frau und fängt sofort an zu meckern.
„Was ist das denn schon wieder für ein mieses Programm im Fernseher?"
Seine Frau schaut ihn daraufhin belustigt an und sagt:
„Du stehst ja auch vor dem Spiegel."

Ein Mann läuft mit einem Seil hinter sich durch die Stadt und zieht damit die Blicke einiger Passanten auf sich. Ein Spaziergänger ist neugierig und kann sich nicht zurückhalten. Er spricht den Mann mit dem Seil an.

Er fragt: „Entschuldigen Sie bitte meine Neugier – aber, darf ich Sie fragen, wieso Sie ein Seil hinter sich herziehen?"
Daraufhin antwortet der Mann mit dem Seil: „Ich habe ja schon versucht es vor mir her zu schieben, aber das hat nicht geklappt."

Frau Rossi und Herr Rossi haben einen Sohn. Der kleine ist inzwischen schon fünf Jahre alt und hat bislang noch kein einziges Wort gesprochen. Seine Eltern machen sich langsam Sorgen, da die anderen Kinder in seinem Alter schon sprechen und mit ihren Eltern Gespräche führen. Eines Tages sitzt die gesamte Familie zusammen beim Essen am Tisch und schweigt. Plötzlich unterbricht der Sohn die Stille und schreit aus vollster Kehle:
„Wo ist das Salz?!"
Frau Rossi und Herr Rossi sind geschockt und schauen ihren Sohn mit weit aufgerissenen Augen an.
„Du kannst ja auf einmal sprechen. Wie ist das denn möglich?" fragen sie ihren Sohn erstaunt und erfreut zugleich.
Der Sohn schaut seinen Eltern in die Augen und antwortet: „Ich kann seit Jahren sprechen, aber bis jetzt war immer alles in Ordnung, bis das Salz gefehlt hat."

Herr Müller kommt mit einem Lottoschein in die Arbeit. Sobald er die Tür zu seinem Büro passiert hat, neigt er seinen Kopf nach rechts – hin zum Schreibtisch der Sekretärin und küsst sie. Auf dem Weg zu seinem Schreibtisch kommt ihm sein Chef entgegen. Herr Maier holt mit der Hand aus und haut seinem Chef eine runter. Er greift mit seiner linken Hand zu dem nahegelegenen Schreibtisch seines rauchenden Kollegen, nimmt den Aschenbecher und schüttet ihn über dem Kopf seines ungeliebten Kollegen aus.
Bevor er zu den Akten gehen und diese im Reißwolf vernichten kann, hält ihn ein Kollege auf und sagt:
„Müller, du Knallkopf. Hast du schon einmal auf das Datum geschaut? Du hast nicht im Lotto gewonnen – wir haben dich in den April geschickt."

Eine Frau fährt in Schlangenlinien auf der Autobahn und wird kurze Zeit später von der Polizei aufgehalten. Sie lässt ihr Fenster herunter, um zu hören, was die Polizisten von ihr wollen. „Sie sitzen betrunken hinter dem Steuer und gefährden nicht nur sich selbst, sondern auch die anderen Verkehrsteilnehmer. Zeigen Sie mir auf der Stelle Ihren Führerschein."
Die Frau reißt ihre Augen weit auf und ist empört:
„Also hören Sie mal, werter Herr – den habe ich Ihnen bereits vor sechs Wochen gegeben. Haben Sie den etwa verschlampt?"

Ein Student begibt sich in eine Bar und sucht nach einem freien Platz. Da es voll in der Bar ist, findet er den letzten freien Stuhl neben einem Mann mit einer riesigen Nase. Diese nimmt nahezu sein gesamtes Gesicht ein.
Der Student kann seine Augen nicht von der Nase des Mannes nehmen und kann sich nicht zurückhalten. Er beugt sich zu dem Mann mit der großen Nase und spricht ihn an:
„Sagen Sie mal, wo haben Sie denn diesen großen Zinken her?"
Der Mann atmet einmal tief ein und wieder aus und antwortet:
„Als der Herr während der Schöpfung die Nasen verteilt hat, bin ich recht spät gekommen. Es waren nur noch zwei Nasen übrig – Ihre und meine. Eigentlich wollte ich Ihre Nase nehmen, doch der Herr hat mich davon abgehalten."
„Wieso?" fragt der Student nach.
„Weil es eine Rotznase ist."

Herr Huber trifft sich mit einem alten Freund und unterhält sich mit ihm. Sie sprechen darüber, dass sie nachts nicht mehr so gut schlafen, wie es der Fall war, als sie jung und energiegeladen waren.
Herr Huber erzählt seinem alten Freund in diesem Zusammenhang:
„Ich werde in der Nacht immer von dem Geräusch meines eigenen Schnarchens wach."
Sein Freund nickt mit dem Kopf und überlegt kurz. Dann kommt ihm die Lösung auf das Problem seines Freundes.
„Dann leg ich doch in Zukunft einfach in ein anderes Zimmer."

Herr Maier und Herr Paulsen unterhalten sich, nachdem sie sich zufällig in der Bäckerei getroffen haben. Es sind viele Jahre vergangen seit sich die alten Bekannten nicht gesehen haben und Herr Paulsen fällt sofort auf, dass Herr Maier nicht mehr die große Haarpracht auf seinem Kopf hat, wie dies vor einigen Jahren noch der Fall war. Er spricht ihn darauf an und fragt ihn, was mit seinen Haaren passiert ist.

„Mir fallen vor lauter Sorgen die Haare aus." Erklärt er seinem Freund.

Herr Paulsen fragt daraufhin: „Oh nein! Aber worüber machst du dir so große Sorgen?"

Herr Maier antwortet ihm: „Darüber, dass ich eine Glatze bekomme."

Ein sehr gläubiger Mann möchte sich bei einem Pferdehändler ein Pferd kaufen. Der Händler zeigt ihm einige Tiere, doch als er sieht, dass der Käufer gläubig ist, zeigt er ihm ein ganz besonderes Pferd.

„Dieser Rappe ist ein ganz besonderes Tier. Um es zum Laufen zu bringen, sagen Sie einfach „Gott sei dank" und, um es zum Stehen zu bringen, sagen Sie „Amen".

Der Gläubige freut sich sehr über das Pferd und kauft es direkt. Er setzt sich auf den Rücken des Pferdes und reitet sofort los. Während er durch die Gegend reitet, wird er übermütig und galoppiert immer schneller. Als er sieht, dass er immer weiter auf eine große und tiefe Schlucht zu rennt, versucht er das Pferd zu stoppen. In seiner Hektik und Panik vergisst er jedoch, dass das Pferd nur auf „Gottseidank" und „Amen" reagiert. Aus diesem Grund spricht er als gläubiger Mensch das „Vater unser" und beendet das Gebet mit „Amen". Als das Pferd das hört, bleibt es abrupt stehen.

Der Gläubige atmet erleichtert aus und sagt: „Gottseidank!"

Ein Mann kommt von einer Weltreise zurück nach Hause und berichtet seinen Freunden und Bekannten von den Erlebnissen, welche er auf der Reise gemacht hat.

„… und ich rannte immer schneller und schneller, doch der Löwe

hatte mich beinahe eingeholt. Beinahe hatte er mich gepackt, doch in letzter Sekunde ist es mir gelungen, mich auf einen Baum zu retten und mit meinem Leben davonzukommen."
Der Freund ist skeptisch und fragt nach: „Aber in der Wüste gibt es doch weit und breit keine Bäume…"
Der Mann nickt und antwortet: „In diesem Moment war mir das egal."

Ein Mann geht zum Arzt und bittet ihn um Hilfe. Als er das Sprechzimmer des Arztes betrit, schildert er ihm sein Problem und sagt: „Herr Doktor, bitte helfen Sie mir."
Der Doktor fragt nach und sagt: „Was ist denn ihr Problem?"
Der Patient antwortet: „Ich bilde mir immer ein, ein Biskuit zu sein."
Der Doktor prüft nach, ob er den Mann richtig verstanden hat und fragt: „So ein kleiner viereckiger, welcher viele kleine Löcher in sich hat?"
Der Mann antwortet: „Ja."
Der Doktor nickt und sagt: „Achso, na dann habe ich die Lösung für Sie. Sie sind kein Biskuit. Sie sind einfach nur ein ordinärer Zwieback."

Herr Peters sitzt im Wartezimmer des Psychiaters und wartet darauf, endlich an die Reihe zu kommen.
Als der Psychiater ihn in sein Sprechzimmer ruft, fragt er Herr Peters, warum er seine Hilfe in Anspruch nehmen möchte.
Herr Peters erklärt dem Psychiater sein Problem:
„Um ehrlich zu sein, hat mich meine Frau zu Ihnen geschickt, weil ich Pfannkuchen so gerne mag."
Der Psychiater ist etwas verwirrt und schaut seinen Patienten verwundert an.
„Aber daran ist doch nichts verkehrt. Ich persönlich mag Pfannkuchen auch sehr gerne."
Herr Peters atmet erleichtert auf und sagt: „Oh sehr schön! Dann können wir ja tauschen. Zuhause habe ich ein ganzes Album voll."

Herr Meier war am Tag zuvor beim Arzt gewesen und sitzt heute erneut im Wartezimmer. Die Arzthelferin wundert sich und holt den Doktor, damit er mit Herr Meier sprechen kann.
Der Doktor fragt ihn, was passiert sei und, ob er vielleicht etwas vergessen hat.
Herr Meier sagt: „Herr Doktor, Sie haben mir doch gestern dieses Stärkungsmittel verschrieben…"
Bevor sein Patient seinen Satz beenden kann, unterbricht ihn der Doktor: „Ja das stimmt, was ist denn damit? Passt etwas nicht?"
Herr Meier stottert, schaut auf den Boden und spielt mit seinen Händen. Schließlich sagt er:
„Nein, nicht direkt. Also ich – ich bekomme die Flasche nicht auf."

Herr Doktor ruft bei Frau Müller an, um ihr mitzuteilen, dass die Ergebnisse ihrer Untersuchung vorliegen. Da er ihr am Telefon jedoch keine Auskunft über die Ergebnisse geben darf, bittet er sie darum, sich am Nachmittag in seine Praxis zu begeben. Frau Müller macht sich auf den Weg und geht zum Doktor.
Als sie sich in das Sprechzimmer setzt, schaut sie der Doktor ernst an und sagt:
„Frau Müller, ich habe schlechte Nachrichten für Sie. Es geht Ihnen nicht sonderlich gut."
Frau Müller fragt entsetzt nach: „Was fehlt mir denn?"
Der Arzt erklärt: „Sie haben Wasser in Ihren Beinen, Kalk in Ihren Adern und Steine in Ihren Nieren."
Frau Müller muss diese Informationen erst einmal sacken lassen und erwidert schließlich:
„Wenn Sie mir jetzt noch sagen, dass ich Sand im Kopf habe, kann ich meine eigene Baustelle aufmachen."

Frau Karlsen war gerade beim Arzt und kommt nach Hause. Dort wartet ihr Mann bereits auf sie und fragt sie, was der Doktor gesagt hat.

Daraufhin antwortet Frau Karlsen: „Dreißig Euro."

Der Mann schüttelt seinen Kopf und fragt erneut: „Nein, ich meine – was hast du gehabt?"

Die Frau antwortet: „Zwanzig Euro."

Der Mann wird ungeduldig und formuliert seine Frage nochmal anders: „Nein, ich wollte sagen – was hat dir gefehlt?"

Die Frau ist langsam genervt von ihrem Mann und sagt: „Na – 10 Euro, du Idiot!"

Dr. Huber erwartet seinen Patienten, um zu sehen, ob die Therapie, welche er ihm verschrieben hat, anschlägt und, wie es ihm geht. Als er den Patienten in das Sprechzimmer ruft, erschrickt er und reißt seine Augen weit auf.

„Wie sehen Sie denn aus?!" ruft er entsetzt.

Der Patient setzt sich auf den Stuhl und atmet tief ein und wieder aus.

„Sie sehen ja viel schlechter aus als vor einer Woche. Ich habe Ihnen doch gesagt, Sie sollen höchsten fünf Zigaretten täglich rauchen."

Der Patient nickt und sagt: „Das habe ich auch gemacht."

Der Doktor schaut ihn fragend an und fragt nach: „Und was ist dann das Problem?"

„Dass ich zuvor Nichtraucher war."

Der Kellner im Restaurant möchte dem Gast gerade seinen Kaffee bringen und beobachtet ihn.

Er stellt den Kaffee auf dem Tisch des Gastes ab und beugt sich dann zu ihm, um ihn etwas zu fragen.

„Darf ich Sie fragen, ob Sie sich vor kurzem das Rauchen abgewöhnt haben?"

Der Gast schaut den Kellner verwundert an und nickt mit seinem Kopf.

„Woher wissen Sie das?"

„Weil Sie Ihre Kekse im Aschenbecher ausdrücken."

Ein Mann wendet sich mit Schlafproblemen an den Arzt. Seit Wochen schläft er schlecht und wacht immer wieder auf. Der Doktor verschreibt ihm ein Medikament und sagt:

„Mit diesem Medikament können Sie endlich wieder die gesamte Nacht durchschlafen und sich endlich wieder richtig erholen."

Der Patient freut sich und bedankt sich erfreut bei seinem Arzt: „Das ist toll! Vielen Dank, Herr Doktor. Aber, wie oft muss ich das Medikament denn einnehmen?"

Der Doktor überlegt kurz und antwortet dann: „Alle zwei Stunden."

Ein Student und ein Professor verstehen sich sehr gut und beschließen sich dazu, sich auch privat zu treffen. Nach der Vorlesung geht der Student zum Professor und fragt ihn: „Wann kann ich Sie denn mal besuchen kommen?"

Daraufhin antwortet der Professor: „Sie können kommen, wann Sie wollen – aber seien Sie bitte pünktlich."

Hans geht zum Arzt, um sich einer Routineuntersuchung zu unterziehen. Der Arzt teilt ihm die Ergebnisse direkt am selben Tag mit und sagt: „Der Puls liegt im Normalbereich. Was mich etwas wundert ist die Zunge. Diese ist belegt… Haben Sie denn Appetit?
Hans überlegt und sagt: „Das kommt darauf an. Manchmal ja und manchmal nein."
Der Doktor fragt weiter nach: „Und welches sind die Momente, in welchen Sie keinen Appetit verspüren?"
Hans überlegt wieder kurz und antwortet dann: „Mh – eigentlich immer direkt, nachdem ich mit einer Mahlzeit fertig bin."

Zwei Kollegen unterhalten sich vor der Arbeit, wie sie es jeden Morgen machen. Sie stehen vor dem Gebäude und rauchen eine Zigarette zusammen. Sie erzählen sich dabei die Träume der vergangenen Nacht.
Ulf erzählt ihm von seinem Traum über seinen Besuch im Schlaraffenland. Heinrich wird neidisch und sagt:
„Das hätte ich auch gerne geträumt. Stattdessen habe ich geträumt, dass ich einen riesigen Champignon esse."
Ulf merkt an, dass das ja nicht weiter schlimm sei. Daraufhin antwortet Heinrich:
„Nein, an und für sich nicht… Aber heute Morgen habe ich bemerkt, dass mein Kopfkissen weg ist…"

Julia geht zur Post und möchte zum Geburtstag ihrer Tante eine Karte verschicken. Sie sagt zum Postbeamten:
„Ich möchte bitte eine 1-Euro-Briefmarke haben. Machen Sie den Preis aber bitte ab – es soll ein Geschenk sein."

Zwei Hobbygärtner unterhalten sich über ihre Ergebnisse und ihre Züchtungen.

Der erste Züchter prahlt und sagt: „Ich habe es endlich geschafft, Bananen in meinem Obstgarten zu züchten."

Der zweite Züchter ist beeindruckt und fragt nach: „Wirklich? Das ist ja super!"

„Ja." Antwortet der erste Züchter zögerlich und fährt fort: „Das einzige Problem ist, dass sie wie Orangen schmecken."

Ulf erhält mitten in der Nacht einen Anruf, welcher ihm aus dem Bett schmeißt. Müde und gähnend hebt er den Hörer ab und antwortet. Als er den Hörer abhebt, hört am Ende der anderen Leitung den Anrufer fragen:

„Hallo, ist hier die eins-vier-zwei-sechs-vier-null?"

Ulf antwortet: „Nein, hier ist die zwölf-vier-dreißig-sieben."

Der Anrufer entschuldigt sich bei Ulf, da er ihn mitten in der Nacht aus dem Bett geworfen hat.

Ulf beruhigt den Anrufer und sagt: „Das macht doch gar nichts. Ich musste eh aufstehen – mein Telefon hat geklingelt."

Frau Huber und Herr Huber liegen im Bett und wollen gerade schlafen gehen. Bevor Frau Huber das Licht im Zimmer ausmacht, wirft sie einen Blick auf die Bettkante und sieht, dass die Füße ihres Mannes unter der Decke hervorgucken. Sie spricht ihn darauf an und fragt:
„Sag mal, sind deine Füße nicht kalt?"
Ihr Mann nickt und antwortet: „Doch, und wie! Ich habe das Gefühl zwei Eiszapfen an der Stelle meiner Füße zu haben."
Die Frau schaut ihn ungläubig an und fragt nach: „Und wieso deckst du sie dann nicht mit deiner Bettdecke zu?"
Herr Huber schaut sie kopfschüttelnd an und sagt: „Ich will diese Dinger doch nicht in meinem Bett haben!"

In einem Schirmständer befinden sich drei Regenschirme, welche auf ihre Besitzer warten. Diese sitzen im Café und essen Kuchen. Ein weiterer Gast betritt das Café und trägt seinen Gehstock in der Hand. Er entdeckt den Schirmständer und steckt den Gehstock zu den Regenschirmen im Schirmständer. Diese rufen daraufhin laut auf: „Igitt schaut mal – da kommt ein nackter Mann!"

Ein sehr junger Fahrer sitzt hinter dem Steuer eines Autos und fährt auf der Autobahn. Die Polizei führt gerade eine allgemeine Kontrolle durch und sieht den jungen Fahrer. Ihrer Meinung nach ist der Fahrer etwas zu jung, um hinter dem Steuer zu sitzen und rufen ihn aus diesem Grund aus dem Verkehr. Der Fahrer lässt das Fenster herunter und begrüßt die Polizisten. Diese sagen: „Der Führerschein?"
Der Fahrer zuckt mit den Schultern und antwortet: „Ich dachte, den gibt es erst mit 18?"

Zwei Freunde wollen einen Spielabend machen und haben sich für diese Zwecke einige Spiele zurechtgelegt. Das erste Spiel, welches sie spielen wollen, ist „Mensch-ärgere-dich-nicht".
Der erste Spieler ruft bereits nach wenigen Sekunden begeistert: „Schach!"
Sein Freund schaut ihn ungläubig an und meckert: „Mann, bis du

doof! Wie oft muss ich es dir noch erklären? – Beim Halma gibt es keinen Elfmeter!"

Ulla hat ihre Freunde zum Essen eingeladen. Das Essen ist noch im Ofen und sie warten alle zusammen auf der Couch, bis es endlich fertig ist.
Olaf gähnt und lehnt sich zurück.
Ulla spricht ihn an und fragt: „Ist dir langweilig?"
Olaf antwortet: „Nein – das wird wohl eher der Hunger sein."

Ein nobler Graf hat in seinem Anwesen einen wunderschönen großen Flügel stehen, auf welchem er jedoch schon seit geraumer Zeit nicht mehr gespielt hat. Sein Buttler klopft eines Tages an die Tür seines Arbeitszimmers und bittet um Verzeihung.
„Treten Sie ein – was ist denn passiert?" sagt der Graf.
Der Buttler antwortet: „Eure Lordschaft, der Flügel im Salon oben ist verstimmt."
Der Graf hört auf seine Dokumente zu bearbeiten, schaut hoch und fragt besorgt: „Worüber denn?"

Hans möchte sich gerne einen Film im Kino ansehen und stellt sich an der Schlang an, um sich eine Karte zu kaufen. Als er an der Reihe ist, sagt ihm die Kassiererin:
„Es tut mir sehr leid, aber das Kino ist bis auf den letzten Platz ausverkauft."
Hans winkt mit seiner rechten Hand ab und sagt: „Das macht gar nichts – dann geben Sie mir einfach den Letzten."

Der Schrankenwärter beobachtet einen Mann dabei, wie er die Bahnschranke hochklettert und rennt erschrocken zu dieser. Er ruft:
„Was machen Sie denn da?"
Der Mann auf der Bahnschranke antwortet: „Ich bin gerade dabei die Schranke zu vermessen."
Der Schrankenwärter schüttelt entsetzt seinen Kopf und sagt:
„Hätten Sie mir doch etwas gesagt, dann hätte ich die Schranke für Sie heruntergelassen."

Der Mann auf der Schranke schüttelt ebenfalls seinen Kopf und sagt: „Nein, das hätte ja auch nichts gebracht."
Der Schrankenwärter ist verwirrt. „Wieso nicht?"
„Na, weil ich die Höhe und nicht die Breite der Schranke brauche."

Hans möchte seinen Freund Franz besuchen und klingelt an der Tür. Als das Klingeln im Inneren des Hauses ertönt, antwortet eine Stimme von drinnen:
„Bei uns ist heute leider keiner Zuhause."
Daraufhin antwortet Franz: „Na, was für ein Glück, dass ich nicht extra gekommen bin."

Peter und seine Freundin wollen sich im Theater ein Stück ansehen. Sie freuen sich schon seit Wochen auf die Aufführung, sind die gesamte Zeit über aber sehr enttäuscht. Irgendwann wird es Peter zu viel und er fragt seinen Sitznachbarn: „Sagen Sie mal, können Sie mir vielleicht sagen, wieso die Schauspieler die gesamte Zeit über an ihren Telefonen hängen und telefonieren?"
Der Sitznachbar nickt mit dem Kopf und erklärt: „Ja – ich habe vorhin den Theater-Direktor getroffen und ihn darauf angesprochen."
„Und, was hat er gesagt?" hackt Peter nach.
„Die Souffleuse ist krank und kommuniziert per Handy mit den Schauspielern."

In einem kleinen Dorf wohnen nur wenige Menschen. Sie kennen sich alle untereinander. Eines Tages zieht ein neuer Bewohner in das Dorf und sorgt für Aufsehen.
Er sammelt die Pferdeäpfel auf der Straße auf und steckt sie in einen Sack. Die Bewohner des Dorfes wundern sich über dieses Verhalten, bis Ulf schließlich die Sache in die Hand nimmt und den neuen Dorfbewohner darauf anspricht.
„Was haben Sie denn mit den Pferdeäpfeln vor?"
Der neue Bewohner antwortet ihm: „Die streue ich auf meine Erdbeeren."

Ulf schaut ihn schockiert an und erwidert: „Also, wir nehmen dafür immer Zucker."

Ein Staubsaugervertreter ist unterwegs und möchte seine Produkte an die Menschen verkaufen. Auf seinem Weg kommt er an einem Bauernhof vorbei und wittert dort seine große Chance. Schließlich fällt auf einem Bauernhof viel Dreck und Staub an. Also klingelt er an dem Bauernhaus, wo ihm die Bäuerin öffnet. Der Staubsaugervertreter zögert nicht lange und schüttet einen Sack voller Dreck vor den Füßen der Bäuerin aus. Als sie ihn daraufhin verwundert und leicht angesäuert ansieht, fragt sie ihn, was das soll.
Der Vertreter antwortet: „Ich werde jeden kleinen Krümel Dreck essen, welchen dieser neue Super-Staubsauger nicht aufsaugen kann."
Die Bäuerin antwortet: „Na dann – guten Appetit! Wir haben hier auf dem Bauernhof keinen Strom."

Seit fünf Minuten diskutiert ein Mann aufgeregt mit der Kassiererin im Supermarkt, weil sie sein Geld nicht annehmen möchte. Bevor die Kassiererin den Filialleiter ruft, hören die Kunden, wie der aufgeregte Mann empört ruft: „Wehrte Frau! Wenn Sie noch nie einen 37-Euro-Schein gesehen haben, wie können Sie sich dann die Freiheit nehmen und behaupten, er sei gefälscht?"

Frau Hansen ist mit ihrer Tochter im Auto unterwegs und möchte zum Supermarkt fahren, um dort einzukaufen. Auf dem Weg dorthin gerät sie in eine Polizeikontrolle und wird direkt von den Polizisten heraus gewinkt.
Einer der beiden Polizisten deutet mit seinem Kopf auf ihre Tochter, welche ohne Kindersitz neben Frau Hansen auf dem Beifahrersitz sitzt.
„Sie wissen doch bestimmt, dass es erst ab 12 erlaubt ist, ein Kind ohne Kindersitz auf dem Beifahrersitz mitfahren zu lassen…" mahnt der Polizist und holt bereits seinen Notizblock heraus, um sich ein paar Dinge zu notieren.
Frau Hansen schaut auf ihre Uhr und wendet sich dann an den Polizisten.
„Ach kommen Sie, nun seien Sie nicht so – wegen den paar Minuten…"

Ein Angeklagter befindet sich vor dem Richter und wird von ihm verhört. Als der Richter auf seine Straftat zu sprechen kommt, fragt er ihn: „Also, aus welchem Grund haben Sie jetzt genau das Fahrrad gestohlen?"
Der Angeklagte antwortet: „Herr Richter, das Fahrrad lehnte einsam und verlassen an der Friedhofsmauer. Ich dachte einfach, der Besitzer sei gestorben."

Björn hat heute einen Termin beim Friseur. Als er dort hinkommt und sich auf den Stuhl setzt, um sich die Haare vom meister schneiden zu lassen, schaut ihn dieser verwundert an. Er schaut auf die drei einzelnen Haare, welche Björn auf seinem Kopf hat und spricht ihn darauf an. Er sagt:
„Was soll ich denn mit ihren drei einzelnen Haaren machen?"

Björn antwortet: „Geschnitten werden muss nichts, aber machen Sie mir doch bitte den Scheitel links."
Der Friseur nickt und macht sich an den drei Haaren zu schaffen. Während er sie nach links legt, fällt leider eines der drei Haare aus. Er entschuldigt sich bei Björn und fragt ihn, was er nun mit seinen Haaren machen soll.
Björn bleibt ruhig und antwortet: „Das ist nicht schlimm – dann machen Sie mir einfach einen Mittelscheitel." Der Friseur nickt, doch auch der Mittelscheitel gelingt nicht.
Bei dem Versuch die beiden Haare zu trennen, fällt Björn ein weiteres Haar aus.
Dem Friseur tut das unglaublich leid und er sagt:
„Jetzt haben Sie nur noch ein Haar – was soll ich denn damit machen?"
Björn ist nicht sauer und beruhigt den Friseur: „Machen Sie sich keine Sorgen, dann gehe ich heute eben struppig nach Hause."

Frau Schröder und Herr Schröder sind auf der Suche nach einer Wohnung. Nachdem sie einige Anbieter kontaktiert haben, besichtigen sie die Wohnungen. Eine der Wohnungen ist eine Neubauwohnung. Der Makler führt sie durch die Räume und Frau Schröder ruft entzückt aus:
„Das sind aber schöne und vor allem große Einbauschränke!"
Der Makler unterbricht sie und merkt an: „Das sind die Kinderzimmer!"

Ein neuer Arbeiter hat seinen ersten Arbeitstag in einer Firma und unterhält sich mit einem älteren Kollegen. Er erzählt ihm, dass er nun schon seit über 20 Jahren für die Firma arbeitet. Als ihn der neue Mitarbeiter darüber fragt, ob sich in den letzten Jahren etwas in der Firma verändert hat. Der alte Mitarbeiter nickt und sagt: „Und wie! Wir mussten früher 25 Stunden arbeiten. Heute sind es zum Glück nur noch 23."
Der neue Mitarbeiter schaut den alten Mitarbeiter verwirrt an und sagt: „Aber der Tag hat doch nur 24 Stunden… Wie können Sie dann 25 Stunden arbeiten?"
Der alte Arbeiter zuckt mit seinen Schultern und erklärt: „Wir haben einfach eine Stunde früher angefangen."

Ein Kunde begibt sich in einen Blumenladen, um einen schönen Strauß für seine Frau zu kaufen. Er möchte ihn ihr zum Hochzeitstag schenken. Da seine Frau den Duft der echten und frischen Blumen liebt, möchte der Mann auf Nummer sicher gehen und fragt aus diesem Grund nach:
„Sind die Blumen künstlich?"
Der Verkäufer antwortet daraufhin: „Natürlich!"
Der Mann ist verwirrt und fragt aus diesem Grund lieber noch einmal nach:
„Also was denn jetzt? Sind sie künstlich oder natürlich?"
Die Verkäuferin antwortet daraufhin: „Künstlich natürlich!"

Ein Student war auf der Suche nach einem Nebenjob und ist in diesem Zusammenhang auf die Anzeige des örtlichen Zoos gestoßen. Dieser suchte nach einem Mann, welcher den Gorilla verkörpert. Der echte Gorilla war verstorben und die Besucher sollten davon nichts merken.
Der Student machte seinen Job als Gorilla sehr gut und die Menschen merkten nicht, dass er in Wahrheit kein echter Gorilla war. Er schaffte es sogar, sich ohne Probleme von Liane zu Liane zu schwingen und zu schreien, wie es der Gorilla immer getan hatte. Eines Tages war er jedoch etwas zu energiegeladen und schwing sich zu stark von Liane zu Liane. Er landete nebenan im Löwenkäfig und schrie laut um Hilfe.
Der Löwe nähert sich dem Studenten immer mehr und fängt auf einmal an zu sprechen:
„Sei leise du Idiot, sonst verlieren wir doch beide unseren Job!"

Joe ist auf der Suche nach einer Arbeit und hat ein Inserat eines Försters gesehen. Dieser ist auf der Suche nach einer tatkräftigen Unterstützung bei dem Fällen der Bäume im Wald. Joe wittert seine Chance und bewirbt sich bei dem Förster.
Der Chef möchte ihm erst ein paar Fragen stellen, bevor er sich für oder gegen Joe entscheidet. Aus diesem Grund fragt er ihn:
„Was haben Sie denn vorher gemacht? Haben Sie vielleicht schon Erfahrung als Holzfäller sammeln können?"
Joe nickt und antwortet: „Ja – ich war über viele Jahre hinweg

Holzfäller in der Wüste Gobi!"
Der Chef schaut ihn verwundert und skeptisch an und merkt an:
„Aber in der Wüste gibt es doch gar keine Bäume."
Joe lächelt und erwidert: „Ja – jetzt nicht mehr. Deshalb bin ich ja
auch auf der Suche nach einem neuen Job."

Ein Mann begibt sich eines Tages auf das Standesamt und hat
ein besonderes Anliegen. Als er das Büro des Mitarbeiters betritt
erklärt er ihm, was er möchte.
„Ich möchte gerne meinen Namen ändern."
Der Mitarbeiter schaut ihn verwirrt an und sagt:
„Sie wissen aber schon, dass das nur in äußerst
außergewöhnlichen Fällen möglich ist?"
Der Mann nickt und besteht weiterhin auf sein Anliegen. Der
Mitarbeiter möchte sicherstellen, dass die Namensänderung
gerechtfertigt ist.
„Wie heißen Sie denn?" fragt er den Mann deshalb.
„Brenz." Antwortet er.
Der Mitarbeiter des Standesamtes schaut den Mann an und
versteht sein Problem mit dem Namen nicht.
„Das ist doch ein ganz normaler Name."
Der Mann erwidert: „Ja – das schon… Aber, immer wenn ich ans
Telefon gehe und sage „Hier Brenz", kommt direkt die
Feuerwehr."

Der Kassierer sieht nun schon zum siebten Mal denselben
Kunden. Bevor er ihm die siebte Karte für denselben Film
verkauft, spricht er ihn direkt an und fragt:
„Ich will mich ja nicht in Ihre Angelegenheiten einmischen, aber
das ist jetzt schon die siebte Karte, welche Sie sich für den Film
kaufen wollen."
Der Mann nickt und die Kassiererin fragt weiter nach.
„Darf ich Sie fragen, wieso?"
Der Mann antwortet verärgert: „Ich müsste mir nicht die bereits
siebte Karte kaufen, wenn der Kerl vor dem Kinosaal mit die
Karte nicht immer zerreißen würde, bevor ich den Saal betreten
möchte."

Greta geht ins Kaufhaus und möchte sich dort gerne ein paar neue Unterhosen kaufen. Da das Angebot dort sehr groß und umfangreich ist, findet sie die Unterhosen nicht direkt und wendet sich aus diesem Grund an die Verkäuferin.
Sie fragt sie: „Entschuldigen Sie bitte, ich bin auf der Suche nach ein paar Unterhosen und wollte fragen, wo ich diese finden kann."
Die Verkäuferin fragt nach: „Lange?"
Greta antwortet darauf leicht gereizt: „Das hat Sie gar nichts anzugehen. Ich möchte die Unterhosen schließlich nicht mieten, sondern kaufen."

Bernd geht ins Fundbüro und wendet sich direkt an die Mitarbeiterin.
Er fragt: „Sagen Sie, wertes Fräulein, ist hier vielleicht ein 50-Euro-Schein abgegeben worden?"
Die Mitarbeiterin kontrolliert kurz unter den abgegebenen Sachen und schüttelt mit ihrem Kopf.
Dann sagt sie: „Nein, tut mir leid – hier wurde nur ein 100-Euro-Schein abgegeben."
Daraufhin antwortet Bernd: „Das macht nichts – ich kann wechseln!"

Im Gerichtssaal ist die Verhandlung im vollen Gange. Es sind drei Männer angeklagt und der Richter verhört einem nach den anderen. Er wendet sich zunächst an den ersten Angeklagten und fragt ihn:

„Also, was haben Sie angestellt? Wieso sind Sie hier?"

Der Mann überlegt kurz, räuspert sich und antwortet: „Ich habe den Stein in den Kanal geworfen."

Der Richter überlegt kurz und sagt dann: „Das ist kein Delikt. Hiermit spreche ich Sie frei."

Der erste Angeklagte freut sich und setzt sich wieder hin. Dann wendet sich der Richter an den zweiten Angeklagten. Dieser steht auf und der Richter stellt auch ihm die Frage danach, was er angestellt hat. Der zweite Angeklagte antwortet: „Ich habe dem ersten Angeklagten dabei geholfen den Stein in den Kanal zu werfen."

Der Richter sagt: „Das ist auch keine Straftat. Ich spreche auch Sie frei."

Der zweite Angeklagte freut sich ebenfalls und setzt sich wieder hin. Nun wendet sich der Richter an den dritten Mann im Gerichtssaal und fragt ihn: „Und, wieso sind Sie hier?"

Der dritte Mann steht auf und antwortet: „Herr Richter, ich bin der Stein – Hubert Stein!"

Der Lehrling hat seinen ersten Tag im Friseursalon und lernt gerade die Grundlagen des Berufes. Der Ausbilder sagt ihm: „Wenn du hier mit dem Fegen fertig bis, kannst du auf den Hof gehen und dort mal mein Motorrad so richtig frisieren."

Der Richter fragt den Angeklagten in der Verhandlung nach seiner Straftat und nach seiner Vorgehensweise. Er sagt: „Sie haben zwei Schweine von dem Hof des örtlichen Bauern gestohlen. In diesem Zusammenhang möchte ich von Ihnen gerne wissen – hat die Stalltür offengestanden oder war sie verschlossen als Sie sich Zutritt zu dem Schweinestall verschafft haben?"
Der Angeklagte überlegt kurz und antwortet:
„Offengestanden… verschlossen!"

Der Elektriker Hans hat einen neuen Auftrag bekommen und begibt sich zu seinem Kunden. Er schaut auf seine Uhr und sieht, dass er pünktlich ist. Aus diesem Grund wartet er nicht mehr lange, sondern klingelt direkt an der Haustür der Kunden. Nachdem er 5 Mal geklingelt hat, macht immer noch niemand auf. Der Elektriker prüft noch einmal, ob er sich nicht im Datum

versehen hat, doch ein Blick in seinen Kalender zeigt ihm, dass er sich weder im Tag noch in der Uhrzeit geirrt hat. Er klingelt noch einmal, doch wieder macht niemand auf. Da wird der Elektriker sauer und lässt seiner Wut freien Lauf:
„So eine Unverschämtheit! Erst bestellen die Menschen einen Elektriker zu sich nach Hause, um sich von ihm die Klingel reparieren zu machen und, wenn er dann kommt, dann macht niemand auf!"

Eines Tages geht es einem Gefangenen in seiner Zelle des Gefängnisses gar nicht gut. Aus diesem Grund beschließt sich der Gefängniswärter dazu, einen Arzt zu rufen. Dieser soll den Gefangenen untersuchen. Als er mit seiner Untersuchung fertig ist, stellt er die Diagnose, dass der Gefangene seine Mandeln entfernen lassen muss.
Er kommt ins Krankenhaus, wo ihm die Ärzte schließlich seine Mandeln entfernen. Wenige Wochen später geht es ihm wieder nicht gut. Sein Bein schmerzt fürchterlich und der Arzt muss es ihm amputieren. Nur einen Monat später muss der Gefangene erneut operiert werden. Dieses Mal ist es der Blinddarm, welchen der Arzt entfernen muss. In ein paar Tagen sollen ihm die Weisheitszähne gezogen werden. Am Abend vor der geplanten Operation kommt der Gefängniswärter zu der Zelle des Gefangenen und sagt zu ihm:
„Nach dieser Operation ist dann aber wirklich Schluss! Meinst du, ich merke nicht, was du vorhast? Du willst dich Portionsweise aus dem Staub machen!"

Der Chef erwischt seinen Angestellten vor dem Gebäude. Anstatt an seinem Schreibtisch zu sitzen, hält er eine Zigarette in seiner Hand und raucht diese genüsslich. Der Chef wird sauer und mault ihn an:
„Sagen Sie mal, Herr Maier – was fällt Ihnen eigentlich ein, einfach so beim Arbeiten zu rauchen? Das geht so aber gar nicht."
Herr Maier schaut seinen Chef daraufhin perplex an und antwortet: „Aber Chef! Ich arbeite doch gar nicht!"

Karl bringt sein Fahrrad zu einem Fachmann, um sich von diesem eine neue Klingel anbringen zu lassen. Beim Fachmann angekommen, teilt er diesem sein Anliegen mit. Der Fachmann nickt und holt eine neue Klingel aus dem Lager. Dann befestigt er diese am Lenker des Fahrrads und sieht mit seinen fachlichen Augen direkt, dass die Bremsen des Fahrrads nicht mehr die Besten sind. Er spricht Karl darauf an:

„Die Bremsen müssten aber auch einmal neu gemacht werden. Die funktionieren in diesem Zustand ja kaum…"

„Ich weiß." Sagt Karl und nickt mit seinem Kopf.

„Aus diesem Grund brauche ich ja auch die neue Klingel."

Ein erfolgreicher Geschäftsmann hat ein sehr großes Problem, welches ihn schon seit einigen Monaten plagt. Als er sich mit einem alten Bekannten trifft, beschließt er ihm von seinem Problem zu erzählen.

„Ich leide unter einer ausgeprägten Schlaflosigkeit." Fällt er direkt mit der Tür ins Haus und erhofft sich eine Lösung von seinem Bekannten. In der Tat scheint dieser die passende Lösung parat zu haben und sagt:

„Dann würde ich es an deiner Stelle einfach mal mit dem Zählen der Schafe vor dem Schlafengehen versuchen."

Der Geschäftsmann hatte noch nie darüber nachgedacht und bedankt sich bei seinem Bekannten. Er beschließt es direkt in der Nacht zu versuchen und kommt am nächsten Tag noch müder und mit noch tieferen Augenringen zu seinem Bekannten. Erschrocken schaut ihn dieser an und fragt ihn, ob er wieder so schlecht geschlafen hatte.

Der Geschäftsmann nickt mit seinem Kopf und sagt:

„Als ich bei 7000 Schafen angekommen war, habe ich angefangen jedes einzelne von ihnen zu scheren. Aus der ganzen Wolle habe ich dann insgesamt 7000 Pullover gemacht."

„Und wo ist das Problem?" fragt der Bekannte. Der Geschäftsmann fährt fort:

„Naja, als ich damit fertig war, traf ich auf unterschiedliche Probleme. Wo bekomme ich die Mitarbeiter auf die Schnelle her, welche sich um meine Schafe kümmern? Wo stelle ich sie unter?

Was gebe ich ihnen zu fressen? Woher nehme ich das Geld für das Futter? Als ich die Probleme allesamt gelöst hatte, hat mein Wecker geklingelt."

Sven kommt aufgeregt in seine Lieblingskneipe und ist außer Atem. Seine Freunde, welche bereits auf ihn gewartet hatten, sind besorgt und fragen ihn, was passiert sei. Sven setzt sich, wedelt sich mit seiner Hand etwas Luft zu und fängt an seinen Freunden zu erzählen, was ihm gerade wiederfahren war.
„Mein Auto wurde geklaut. Gerade als ich vom Parkplatz in die Kneipe gehen wollte kamen die Diebe und haben mein Auto geklaut. Ich habe nur noch gesehen, wie sie mit dem Wagen vom Parkplatz in die Richtung Innenstadt gefahren sind.
Die Freunde können die Geschichte gar nicht glauben und fragen:
„Hast du denn wenigstens die Diebe gesehen? Hast du gesehen wie sie aussahen?"
Sven schüttelt seinen Kopf und antwortet:
„Nein – es war ja dunkel. Aber, ich habe mir das Kennzeichen notiert!"

In einem Restaurant, welches in der ganzen Stadt beliebt und bekannt ist, legen die Mitarbeiter einen besonders großen Wert auf die Zufriedenheit der Kunden. Aus diesem Grund haben sie in ihrem Eingangsbereich ein Beschwerdebuch. In dieses können die Kunden alle Beschwerden schreiben, damit sich das Restaurant immer und immer weiter verbessern und den Wünschen der Kunden besser anpassen kann. Der Oberkellner sieht, dass ein Gast sichtbar sauer war und fragt einen seiner Kellner, nachdem der Gast das Restaurant verlassen hat, was er in das Beschwerdebuch geschrieben hat. Der Kellner zuckt mit seinen Schultern und antwortet:
„Nichts – er hat nur sein Kotelett reingeklebt."

Ein nobles Restaurant hat eine sehr große Auswahl an vielen verschiedenen Weinen, aus welchen die Gäste wählen können. Der Kellner kommt zu dem Gast, welcher gerade das Menü studiert und fragt ihn:

„Darf ich Ihnen einen Weißwein oder einen Rotwein zu Ihrer Speise servieren?"
Daraufhin zuckt der Gast mit seinen Schultern und antwortet:
„Das ist mir vollkommen egal – ich bin eh farbenblind."

Der Kellner im Café hat bereits die leere Tasse und den leeren Teller des Gastes weggeräumt und fragt ihn, ob er noch einen Wunsch habe. Der Gast nickt daraufhin mit seinem Kopf und sagt:
„Ja – bringen Sie mir doch bitte noch etwas Geld, damit ich meine Rechnung bezahlen kann."

Der Stammgast des Restaurants, welcher bereits seit vielen Jahren in diesem isst, ruft den Kellner zu sich und möchte sich bei ihm beschweren. Der Kellner beugt sich zu ihm, um die Beschwerde entgegenzunehmen und der Gast sagt:

„Es ist eine Unverschämtheit wie klein die Portionen inzwischen geworden sind. Früher waren diese sehr viel größer."
Der Kellner bleibt ruhig und antwortet: „Das sieht auf den ersten Blick nur so aus. Die Portionen sind dieselben, wir haben einfach nur unser Restaurant in der Zwischenzeit vergrößert."

Julia beschwert sich bei ihren Freunden über ihren Zahnarzt, bei welchem sie vor einer Stunde einen Termin gehabt hatte.
„Er hat mich schon wieder gefragt, wann das letzte Mal war, dass ich Zahnseide genutzt habe, um die Zwischenräume meiner Zähne zu putzen."
„Und was ist so schlimm daran?" fragt eine ihrer Freundinnen und schaut sie verdutzt an.
„Naja der Idiot sollte es doch wohl am besten wissen – schließlich war er dabei!"

Vor dem Kino in der Innenstadt tummeln sich elf Tiere und ziehen mit ihrer Anwesenheit die Blicke einiger Passanten auf sich. Zu dem großen Entsetzen der Menschen vor dem Kino läuft wenige Minuten später ein Eisbär vor dem Kino vorbei. Die Gruppe der Tiere hält den Eisbären an und sagt zu ihm:
„Hey Eisbär! Bleib stehen – wir brauchen dich. Der Film ist erst ab 12!"

Franz kann seit einigen Wochen nicht mehr schlafen. Er macht sich große Sorgen und beschließt sich endlich an seinen Arzt zu wenden. Als er in der Praxis sitzt und in das Sprechzimmer des Arztes gerufen wird, kommt er endlich mit seinem Problem hervor.
„Herr Doktor, ich habe ein sehr großes Problem."
„Was ist denn los?"
„Es geht um meinen Hintern."
Der Arzt versteht immer noch nicht und fragt aus diesem Grund lieber noch einmal nach.
„Was ist denn mit deinem Hintern?"
„Der hat einen Spalt."

Karl ist auf der Suche nach einer Lehrstelle und wendet sich an viele verschiedene Unternehmen. Endlich bekommt er eine Einladung für ein Vorstellungsgespräch und begibt sich in die Firma, um dort mit der Personalleitung zu sprechen.

Der Mann, welcher ihn interviewt, stellt ihm zunächst ein paar Fragen und klärt ihn dann über die Konditionen auf, welche mit seiner Arbeit in dem Unternehmen einhergehen. Sie kommen in diesem Zusammenhang auch auf die Bezahlung zu sprechen. Der Ausbilder sagt:

„Du kannst direkt morgen mit deiner Arbeit anfangen. Anfangs zahle ich dir 400 Euro. Nach einem halben Jahr steigt dein Gehalt auf 600 Euro."

Karl nickt und überlegt kurz. Dann sagt er:

„Vielen Dank für das Angebot. Aber, wenn das so ist, dann komme ich direkt in einem halben Jahr wieder."

Der kleine Jonas darf zum ersten Mal zu dem Supermarkt um die Ecke gehen, um ein paar Dinge für das Abendessen zu kaufen. Stolz kehrt er nach einer halben Stunde und dem Einkaufskorb zurück zu seiner Mutter zurück und zeigt ihr seine Ausbeute. Die Mutter lobt ihn und ist stolz auf ihren kleinen Sohn. Dann fragt sie:

„Und hatte der Metzger im Supermarkt Schweinshaxen?"

Jonas zuckt mit seinen Schultern und antwortet:

„Das weiß ich nicht Mami – er hatte Schuhe an."

Ein Kandidat sitzt in einer Quizshow und kann eine große Menge Geld gewinnen, falls er die nächste Frage richtig beantwortet. Der Quizmaster nimmt seine Karten zur Hand und liest dem Kandidaten die Frage vor:

„Worin besteht der Unterschied?"

Der Kandidat antwortet zunächst nicht und wartet auf den vermeintlichen zweiten Teil der Frage. Der Quizmaster schaut den Kandidaten erwartungsvoll an und fragt nach einigen Sekunden, ob er die Frage gehört hat. Der Kandidat nickt und antwortet:

„Ja schon, aber worin besteht der Unterschied wobei?"

Der Quizmaster zuckt mit seinen Schultern und schüttelt seinen Kopf, bevor er sagt:
„Tut mir leid, aber ich darf Ihnen leider nicht helfen."

Der Lehrer lässt eine Überraschungsarbeit schreiben. Als die Stunde vorbei ist, nimmt er die Arbeiten mit zu sich nach Hause, um sie dort zu korrigieren. Am nächsten Tag verteilt er die korrigierten Tests und wendet sich an Anna und Jule. Anna und Jule teilen sich eine Bank und haben in dem Test genau dieselben Fehler gemacht. Dem Lehrer kam das suspekt vor und fragt die beiden, wie dies ihrer Meinung nach möglich sein kann. Jule zuckt mit den Schultern und Anne sagt:
„Kein Wunder – wir haben ja auch denselben Lehrer."

Max trifft auf seinem Weg nach Hause auf einen Polizisten und beschließt sich, diesem von seinem Erlebnis in der Schule zu erzählen. Er hält den Polizisten an, welcher ihm aufmerksam zuhört.
„Was ist passiert, mein Junge?" fragt er.
Max antwortet: „Meine Mitschüler haben mit heute mein Pausenbrot in die Pfütze auf dem Schulhof geworfen, sodass ich kein Essen mehr hatte und großen Hunger habe."

Der Polizist nickt und sagt: „Verstehe… und, war das mit Absicht?"
Max schüttelt seinen Kopf: „Nein – mit Käse."

Ein Mann liegt todkrank in seinem Bett und ist sehr schwach. Auf einmal kommen sowohl der Arzt als auch der Pfarrer ins Zimmer und treffen somit aufeinander.
Der Pfarrer: „Bin ich zu früh?"
Der Arzt: „Bin ich zu spät?"

Der Gast des Cafés freut sich auf den ersten Biss in seinen leckeren Kuchen. Auf einmal ruft er hektisch nach dem Kellner, welcher auch schnell zu dem Gast gelaufen kommt. Er beschwert sich bei dem Kellner und sagt: „Herr Kellner, ich habe Beschwerde. In meinem Apfelkuchen, welchen ich bei Ihnen bestellt habe, befinden sich gar keine Äpfel."
Der Kellner zuckt daraufhin mit den Schultern und antwortet: „Ich verstehe nicht, wo Ihr Problem liegt. Im Hundekuchen befinden sich schließlich auch keine echten Hunde."

Ein Dieb ist auf der Suche nach Beute und bricht in diesem Zusammenhang in die WG einiger Studenten ein. Diese sind gerade Zuhause, als der Dieb bei ihnen einbricht. Aus diesem Grund sagt der Dieb:
„Stehen bleiben und nicht bewegen – ich suche Geld."
Der Mutigste unter den Studenten bewegt sich und stellt sich neben den Dieb. Dann sagt er:
„Wir suchen mit."

Dumm und Dümmer stehen vor einem großen und dunklen Wald. Dumm fragt Dümmer:
„Siehst du auch den großen und dunklen Wald da vorne?"
Dümmer schaut sich um und versucht angestrengt etwas in der Ferne zu erkennen. Dann zuckt er verzweifelt mit seinen Schultern und antwortet:
„Nein, die vielen Bäume stehen im Weg."

Lisa kommt zitternd aus dem Badezimmer und ist von oben bis unten nass. Die Mutter fragt sie, was passiert sei und, warum sie noch nicht abgetrocknet ist.
„Ich suche das Shampoo."
Die Mutter schaut Lisa fassungslos an und antwortet: „Das ist im Bad."
„Nein, ich meine nicht das Shampoo."
Die Mutter ist nun noch verwirrter und fragt nach: „Welches Shampoo suchst du denn? Wir haben nur dieses."
„Auf dem Shampoo im Bad steht, dass es nur für trockenes Haar ist. Meine Haare sind aber schon nass."

Zwei Freundinnen treffen sich. Sie haben sich seit einiger Zeit nicht gesehen und die eine der beiden Freundinnen hat in den vergangenen Monaten einige Kilos verloren.
„Sag mal – du siehst ja wahnsinnig gut aus." Sagt die erste Freundin zu der zweiten Freundin und schaut sie erstaunt an.
„Hast du abgenommen?" frägt sie und wartet auf eine Antwort.
Doch, anstatt das Kompliment ihrer Freundin anzunehmen und sich über dieses zu freuen, wird die andere Freundin sauer.
„Sag mal, hast du mich damit gerade rückwirkend als fett und hässlich bezeichnet?"

Zwei Kelten laufen durch den tiefen Schnee und reden kaum miteinander. Es ist zu kalt und sie wollen die kalte Luft nicht durch den Mund einatmen. Auf einmal platzt der eine der beiden heraus:
„Scheißkälte."
Der zweite Kelte fühlt sich dadurch angegriffen und antwortet: „Selber Scheiß-Kelte."

Es waren einmal drei Schildkröten. Seit vielen Jahren waren sie Freunde und verbrachten viel Zeit miteinander. So gingen sie auch jedes Mal, wenn sie Durst hatten, gemeinsam an die etwas weiter gelegene Wasserquelle. Es war wieder einmal der Tag gekommen, an welchem die drei Schildkröten der Durst plagte und sie sich auf den Weg zu der Wasserquelle machten. Sie liefen drei Jahre lang und kamen dann endlich bei der

Wasserquelle an. Die erste Schildkröte kann es kaum abwarten und möchte sich, so schnell es geht, auf das Wasser stürzen. Die zweite Schildkröte möchte es ihr nachmachen, doch die dritte Schildkröte hält sie von ihrem Vorhaben ab.
„Halt ihr zwei. Wir haben unsere Trinkbecker Zuhause vergessen."
Die beiden anderen Schildkröten rollen ihre Augen und sagen: „Das ist doch egal. Wir können auch ohne die Trinkbecker trinken."
„Nein, nein – es ist wichtig, dass wir aus unseren Trinkbechern trinken. Ich gehe sie schnell holen. Am besten wartet ihr dahinten in dem Gebüsch."
Die beiden Schildkröten willigen ein und begeben sich in den Schatten. Dort warten sie nun schon seit mehr als drei Jahren darauf, dass die dritte Schildkröte zurückkommt.
Nach drei Jahren kann es die erste Schildkröte nicht mehr aushalten und stürzt sich auf das Wasser. In genau diesem Moment stürzt sich die dritte Schildkröte aus dem Gebüsch auf ihre beiden Freunde und ruft: „Also, wenn ihr schummelt, dann gehe ich gar nicht erst los."

Ein Japaner, ein Chinese und ein Schweizer sind zusammen auf einem Boot unterwegs. Anfangs ist alles in Ordnung, doch auf einmal wird das Wasser unruhiger und das Boot schaukelt immer doller auf dem Wasser. Die drei Männer können sich gerade so auf das Ufer retten und warten dort, bis der Sturm vorbei ist. Das Boot ist dem Sturm jedoch zum Opfer gefallen und sie haben nun keine Möglichkeit mehr, den Fluss zu überqueren. Ihnen bleibt nichts anderes übrig, als zu schwimmen. Als erstes traut sich der Japaner. Er sagt: „Guter Gott, bitte mach, dass ich den Fluss unversehrt überqueren kann." Mit diesen Worten springt er ins Wasser und ertrinkt.
Als zweites ist der Chinese an der Reihe. Auch er sagt: „Guter Gott, bitte mach, dass ich den Fluss unversehrt überqueren kann."
Er stürzt sich in das Wasser und ertrinkt auch.
Der Schweizer denkt einige Zeit darüber nach, was er sagen soll, bis ihm die Idee kommt. Er faltet seine Hände zum Gebet und sagt: „Guter Gott, bitte gib mir die Kraft einer Frau."
Einen Moment später schaut er in die rechte Richtung und sieht wenige Meter von sich entfernt eine Brücke, welche das Ufer mit der anderen Seite des Flusses verbindet.

Eine Banane und eine Zigarette treffen aufeinander und kommen ins Gespräch. Erst reden sie über alltägliche Dinge, bis sie auf schlimme und traumatische Erlebnisse zu sprechen kommen.
Die Banane klagt der Zigarette ihr Leid.
„Weißt du, was die Menschen mit mir Schlimmes machen? Sie nehmen mir meine Haut ab und beißen mir dann auch noch gnadenlos meinen Kopf ab."
Die Zigarette klopft der Banane mitfühlend auf die Schulter und sagt:
„Ach, was soll ich denn sagen? Die Menschen zünden meinen Kopf an und lutschen an meinem Po."

Ulla und Isa treffen sich. Isa hatte vor einiger Zeit einen Unfall und hat sich ihr Bein gebrochen. Aus diesem Grund muss sie seit einigen Wochen auf Krücken laufen, bis der Arzt den Gips von

ihrem Bein nimmt. Begeistert erzählt sie ihrer Freundin Ulla: „Seitdem ich den Gips an meinem Bein habe und auf Krücken laufe, habe ich voll viel abgenommen."
Isa antwortet daraufhin: „Das ist ja auch kein Wunder. Du stehst ja nur mit einem Bein auf der Waage."

Susanne kommt von einem langen Schultag zurück nach Hause. Ihrer Mutter fällt sofort auf, dass sich in ihrer neuen Hose Löcher befinden und fragt aus diesem Grund genauer nach.
„Susanne, sag mal – was ist denn mit deiner schönen neuen Hose passiert? Bist du hingefallen? Hast du dich verletzt?"
Susanne möchte ihre Mutter beruhigen und schüttelt ihren Kopf. Dann erklärt sie ihr die Situation:
„Nein Mama – es ist alles gut. Wir haben in der Schule „Supermarkt" gespielt."
Die Mutter versteht immer noch nicht, was das Spiel mit der kaputten Hose ihrer Tochter zu tun hat und fragt weiter:
„Und?"
„Na – ich war der Schweizer Käse."

Ein Vogel wohnt in der Krone eines schönen Kirschbaumes. In diesem hat er sich sein Nest gemacht und wohnt dort nun mit seiner Familie. Eines Tages, an einem kalten Wintertag, sieht er von oben eine Schnecke. Langsam und gemächlich macht sie sich daran, den Stamm hinauf zu kriechen. Der Vogel beobachtet sie eine Weile dabei und fragt sie dann: „Was möchtest du denn machen?"
Die Schnecke antwortet: „Ich möchte Kirschen essen."
„Aber im Winter wachsen doch keine Kirschen. Glaube mir – ich weiß, wovon ich rede. Ich wohne oben in der Krone."
Die Schnecke nickt und erwidert: „Ich weiß, ich weiß. Bis ich oben bin gibt es aber welche."

Eine Katze stolziert durch die Gegend und läuft auf ihrem Spaziergang durch die Stadt an einer Gruppe voller Hunde vorbei. Auf einmal hört sie einen der Hunde bellen. Er macht: „Wau."

Die Katze dreht sich um und erwidert: „Danke – ich weiß, dass ich umwerfend bin."

Fritz und Peter unterhalten sich und reden über die unterschiedlichen Städte in Deutschland und Österreich. Auf einmal merkt Peter an:
„Sag mal, Fritz... Weißt du eigentlich, dass wir die Menschen aus Hamburg, aus Wien und aus Berlin essen können?"
Fritz ist perplex und weiß nicht, was er antworten soll. Er ist verunsichert und fragt nach:
„Wie meinst du das?"
Peter erklärt seine Aussage: „Na, das sind doch alle Hamburger, Wiener, Frankfurter und Berliner."

Michael hat von dem Arzt eine Medizin verschrieben bekommen. Sie soll ihm dabei helfen, seinen Husten endlich los zu werden. Da er bereits ein großer Junge ist, hat ihm seine Mutter heute Abend erlaubt, die Medizin ganz alleine einzunehmen, ohne dass ihm seine Mutter dabei hilft. Als sie zu Michael ins Kinderzimmer kommt, um ihm eine gute Nacht zu wünschen, erkundigt sie sich, ob er seine Medizin auch wirklich genommen hat.

„Na, mein Schatz? Hast du deine Medizin auch schön brav genommen?"

Michael nickt stolz und sagt: „Ja Mama, sogar eine ganze Gabel voll!"

Zwei Mäuse gehen in der Nacht spazieren und setzen sich auf eine Bank im Park. Sie schauen in den Himmel und betrachten die Sterne, in der Hoffnung eine Sternschnuppe zu sehen. Zwar treffen sie auf keine Sternschnuppe, sehen aber eine Fledermaus vor ihren Augen vorbeifliegen. Die eine Maus ist begeistert und sagt zur anderen Maus: „Wow – hast du das gesehen? Wenn ich groß bin, werde ich auch einmal Pilot!"

In dem großen weiten Meer treffen ein Thunfisch und ein Walfisch aufeinander und sie kommen sofort ins Gespräch. Dem Wahlfisch ist langweilig. Aus diesem Grund fragt er den Thunfisch:

„Was sollen wir tun, Fisch?"

Der Thunfisch zuckt daraufhin mit den Schultern und antwortet: „Du hast die Wahl, Fisch."

Es ist kalt draußen und im Kindergarten wollen die Erzieher mit den Kindern ein bisschen in den Garten gehen. Damit die Kinder auch nicht frieren oder krank werden, prüfen die Erzieher zuvor das Schuhwerk, welches die Eltern den Kindern mitgegeben haben. Als die Erzieherin bei Ole ankommt, spricht sie ihn auf seine Schuhe an und sagt: „Sind deine Schuhe gefüttert?"

Ole schaut die Erzieherin erschrocken an und antwortet: „Oh nein, man muss die füttern? Das wusste ich gar nicht."

Karl beißt in einen roten Apfel und spuckt das erste Stück direkt wieder aus. Seine Mutter sieht ihn und spricht ihn an: „Karl, sag mag – wieso spuckst du den leckeren und saftigen Apfel durch die Gegend?"
Karl erwidert: „Der schmeckt weder saftig, noch gut! Der schmeckt einfach nur scheußlich."
Die Mutter wundert sich.
„Komisch. Ich habe ihn heute Morgen auf dem Markt gekauft und ein Exemplar selbst probiert. Die Marktfrau hat mir versichert, dass es die beste Qualität ist, welche es auf dem Markt gibt. Sag mal, hast du den Apfel auch richtig gewaschen, bevor du ihn gegessen hast?"
„Ja natürlich." Antwortet Karl und fügt hinzu: „Sogar mit Wasser und Seife."

Die Lehrerin sieht Inge die Hände zum Gebet falten und leise etwas vor sich hinmurmeln. Sie spricht Inge darauf an und sagt: „Inge, warum betest du denn mitten im Unterricht?"
Inge schaut auf und antwortet: „Na, meine Mutter hat mir gesagt, dass ich kurz vor dem Schlafengehen immer beten soll."

Ein Flugzeug hebt vom Flughafen ab und startet in die Richtung Süden. Zu dem Zeitpunkt des Abflugs ist mit dem Flugzeug alles in bester Ordnung und der Aufenthalt im Flugzeug gestaltet sich für die Passagiere als recht angenehm und ruhig. Doch auf einmal ertönt die Stimme des Piloten in der Lautsprechanlage. Er sagt:
„Sehr verehrte Passagiere, ich muss Ihnen leider mitteilen, dass wir zu schwer sind und das Flugzeug droht unter dem Gewicht abzustürzen."
Die Passagiere zögern nicht lange und greifen das Handgepäck, um es aus dem Flugzeug zu werfen. Es schein alles in Ordnung zu sein und die Passagiere entspannen sich wieder. Doch nach einiger Zeit ertönt erneut die Stimme des Piloten in der Freisprechanlage. Wieder sagt er:
„Sehr geehrte Passagiere, unser Flugzeug ist leider immer noch zu schwer und wir drohen nach wie vor abzustürzen."

Aus diesem Grund entfernen die Passagiere den Boden des Flugzeuges und schmeißen auch die Sitze nach unten. Damit sie nicht fallen, halten sie sich an der Decke fest.
Es scheint nun wieder alles in Ordnung zu sein. Doch nach einiger Zeit ertönt die weitere Ansage des Piloten, dass das Flugzeug immer noch zu schwer ist und sie drohen über dem Meer abzustürzen.
Daraufhin meldet sich ein Passagier zu Wort. Er sagt:
„Wenn ihr mir alle Beifall klatscht, opfere ich mich und springe aus dem Flugzeug. Die Passagiere sind erstaunt über den Mut des Mannes und klatschen…

Herr Dumm und Herr Niemand sind Nachbarn. Seit einigen Wochen haben sie einen Streit, welcher sich immer weiter nach oben schaukelt. Es schein keine Lösung für das Problem zu geben. Als Herr Dumm eines Tages beschließt zur Polizei zu gehen, sagt er zu dieser:
„Niemand hat mich geschlagen."
Der Polizist schaut ihn an und fragt: „Sind Sie dumm?"
Daraufhin freut er sich und sagt: „Ja genau, woher wissen Sie das?"

Drei Männer hängen an der Leitung eines nicht-aktiven Strommastes. Sie waren hinaufgeklettert, um die Aussicht zu genießen, sind aber gefallen und müssen sich nun an der Leitung festhalten, bis jemand vorbeikommt und Hilfe ruft. Da es Winter ist und langsam Abend wird, wird es immer kälter. Mit sinkenden Temperaturen werden auch die Hände der drei Männer immer kälter. Der Franzose unter den drei Männern kann es als erster nicht mehr aushalten und möchte sich die Hände wärmen. Er nimmt beide Hände vor den Mund, um sie mit seinem warmen Atem anzuhauchen und fällt herunter. Der Deutsche macht es ihm nach, hält sich ebenfalls beide Hände vor den Mund und fällt in die Tiefe. Der Engländer schüttelt fassungslos den Kopf und sagt: „Ihr müsst erst eine Hand wärmen und dann die andere!"
Demonstrativ wärmt er sich erst die rechte und dann die linke

Hand. Und nicht so wie ihr – und er hält beide Hände vor seinen Mund…

Im Sportunterricht stellt der Lehrer seinen Schülern eine neue Übung vor. Diese nennt sich „Fahrradfahren". Um diese Übung durchzuführen, sollten sich die Schüler auf den Rücken legen und mit den Beinen so treten, als ob sie sich gerade auf einem Fahrrad befänden. Alle strampeln fleißig nur Udo liegt ruhig und entspannt, mit ausgestreckten Beinen und Armen auf dem Boden. Der Lehrer bemerkt, dass Udo nicht aktiv mitmacht und fragt: „Udo, wieso machst du nicht mit?"
Udo erwidert daraufhin: „Aber Herr Lehrer! Ich mache doch mit. Ich fahre nur eben gerade bergab."

Pauline war gerade auf der Toilette gewesen und kommt schreiend und wild mir ihren Händen fuchtelnd zurück in das Klassenzimmer. Sie schreit: „Feuer! Feuer! Feuer!"
Die Lehrerin hebt ihre Hand, als Zeichen, dass Pauline schweigen soll und sagt:
„Bilde bitte einen ganzen Satz."

Eine Blondine sitzt an der Ampel und verrichtet direkt neben dieser ihr großes Geschäft. Warum macht sie das?
- Weil an der Ampel steht „Bitte drücken."

Eine Kuh geht durch die Wiesen und Felder spazieren und trifft in diesem Zusammenhang auf einen Polizisten. Sie hält kurz neben ihm an und wendet sich dann an ihn.
„Stellen Sie sich vor – mein Mann ist ebenfalls Bulle."

Zwei Freunde treffen und unterhalten sich. Einer der beiden Freunde kann nicht schwimmen und hat sich nun endlich dazu entschlossen, sich an einen Schwimmlehrer zu wenden, um das Schwimmen zu lernen. Bevor er das jedoch macht, möchte er sich bei seinem Freund über das Schwimmen informieren. Er fragt seinen Freund: „Sag mal, wo hast du denn das Schwimmen gelernt?"
Daraufhin erwidert dieser: „Im Wasser..."

Die Tochter sitzt mit ihrem Vater in einem Restaurant. Sie machen einen Vater-Tochter-Tag und die Tochter muss auf einmal auf die Toilette gehen und sagt aus diesem Grund zu ihrem Vater:
„Papa ich muss pinkeln."
Der Vater schaut sich im Restaurant um und prüft, ob jemand der anderen Gäste seine Tochter gehört hat. Er sagt zu ihr:
„Ok, aber sag das nächste Mal bitte nicht so laut, dass du auf die Toilette musst, sondern sag einfach, dass du Singen möchtest."

Die Tochter nickt und der Vater geht mit ihr auf die Toilette.
Am Abend, als sie wieder Zuhause bei der Mutter sind, sitzt die
Tochter mit ihrer Mutter auf der Couch. Es ist schon recht spät
und die anderen Mitglieder der Familie schlafen schon.
Da sagt die Tochter zu ihrer Mutter: „Mama ich möchte singen."
Die Mutter schaut sie verwirrt an und antwortet dann: „Ok mein
Schatz, aber es ist schon spät. Sing mir einfach ins Ohr…"

Ein Mann geht auf der Brücke spazieren und verliert auf dieser
seine Uhr. Zum Glück bemerkt er das noch rechtzeitig und kann
sich aus diesem Grund direkt auf die Suche nach ihr begeben. Er
geht die Brücke herunter zum Fluss und beginnt an diesem nach
seiner Uhr zu suchen. Ein hilfsbereiter Mann sieht das und fragt
ihn, was er am Fluss macht. Daraufhin antwortet der Suchende:
„Ich bin auf der Suche meiner Uhr, welche ich gerade oben auf
der Brücke verloren habe."
Der Mann schaut den Suchenden verwundert an und sagt: „Aber
wieso suchen Sie denn dann hier unten am Fluss nach Ihrer Uhr
und nicht oben auf der Brücke?"
Der Suchende antwortet daraufhin: „Na, sie ist ja nicht kaputt, sie
geht noch."

Nach einem spannenden Fussballspiel sind die meisten
Zuschauer schon nach Hause gegangen. Der Platzwart räumt
noch die letzten Überbleibsel vom Platz und sieht in diesem
Zusammenhang einen kleinen Jungen, welcher über den Zaun
nach draußen klettern möchte. Der Platzwart findet das gar nicht
lustig und hat Angst, dass der Zaun unter dem Gewicht des
Jungen kaputt gehen könnte.
Er ruft: „Sag mal, kannst du bitte dort rausgehen, wo du
reingekommen bist?"
Der Junge dreht sich daraufhin um und erwidert:
„Mach ich doch!"

Katja ist sechs Jahre alt und hat gleich zwei Zähne, welche
gleichzeitig wackeln. Wie es das Schicksal so möchte, fallen ihr
die beiden wackelnden Zähne am selben Tag aus. Katja rennt

mit ihren beiden Zähnen in der Hand zu ihrer Mutter und sagt: „Mama schau mal! Ich bekomme eine Glatze im Mund."

Zwei Bücher sind gerade dabei, die Treppe vom Bücherzimmer nach unten in die Küche zu laufen, um sich für die Lesestunde zu machen. Auf halben Weg fällt ihnen ein, dass sie gar nicht laufen und auch keinen Tee trinken können und gehen wieder zurück.

Es klingelt an der Tür. Die Mutter ist gerade beschäftigt und auch der Vater kann die Tür gerade nicht aufmachen. Aus diesem Grund bittet die Mutter ihren Sohn Tom darum, die Tür zu öffnen. Also geht Tom zur Tür und öffnet diese. Nach nur wenigen Sekunden kommt er zurück zu seiner Mutter. Diese schaut ihn fragend an und sagt: „Na, wer war es?"
Tom antwortet: „Ein Mann. Er sammelt für das Schwimmbad und hat uns um eine Spende dafür gebeten."
Die Mutter nickt und erwidert:
„Natürlich. Gibt ihm ein Glas Wasser!"

Zwei Freunde, welche immer zusammen Tennis spielen, unterhalten sich. In diesem Zusammenhang erzählt der erste Freund, dass er gestern beim Arzt gewesen sei.
„Und, was hat der Arzt gesagt?" fragt der zweite Freund nach.
„Dass ich für die nächsten Wochen kein Tennis spielen darf."
Antwortet er und schaut traurig.
„Achso klar, ist ja verständlich. Er hat dich gestern bestimmt spielen gesehen."

Marco ist kein sonderlich fleißiger Schüler. Das wissen auch seine Eltern. Umso erstaunter und überraschter sind sie aus diesem Grund, als ihnen Marco am Abend beim Essen folgendes mitteilt:
„Ich habe mich heute als Einziger im Biologieunterricht gemeldet."
Die Mutter und der Vater sind überrascht und die Mutter spricht ihren Sohn darauf an:
„Wirklich? Das ist ja super!"
Der Vater ist skeptisch und fragt nach:

„Und, was hat dich die Lehrerin gefragt?"
Marco antwortet: „Sie hat nach einem Freiwilligen gefragt, der für Morgen Flöhe von Zuhause mitbringen kann, um sie unter dem Mikroskop zu untersuchen."

Ein Mann begibt sich in eine Tierhandlung und möchte sich in dieser einen sprechenden Papageien kaufen. Er wendet sich mit seinem Anliegen an den Mitarbeiter der Tierhandlung. Als dieser sucht, wonach der Kunde sucht, hat er direkt das richtige Exemplar für ihn bereitstehen. Er führt ihn zu den Käfigen, in welchen sich unterschiedliche Vögel befinden und deutet auf einen roten, großen Papagei. Dann sagt er:
„Dieser Papagei hier ist ein ganz besonderes Exemplar. Das sollten Sie sich auf keinen Fall entgehen lassen."
Der Kunde schaut sich den Papageien genau an und fragt:
„Und, was ist es, was den Papageien so besonders macht?"
Der Mitarbeiter der Tierhandlung antwortet:
„Er kann nicht nur in einer, sondern sogar in zwei Sprachen sprechen."
„Das ist ja interessant." Sagt der Kunde und beugt sich zu dem Papageien, um ihn genauer zu beobachten.
„Ja! Wenn Sie an seinem rechten Bein ziehen, spricht er italienisch und, wenn Sie ihn an seinem linken Bein ziehen, spricht er französisch."
„Das ist faszinierend." Sagt der Kunde und fragt weiter:
„Und was passiert, wenn ich an beiden Beinen gleichzeitig ziehe?"
„Dann falle ich auf den Boden, du Idiot." antwortet der Papagei.

Ein Gast sitzt im Restaurant und ruft nach circa einer Stunde den Kellner, um sich bei ihm zu beschweren. Er sagt:
„Ich finde den Kundenservice hier eine Unverschämtheit. Ich warte nun schon seit über einer Stunde auf mein Steak à la minute. Ich möchte dieses umgehend serviert bekommen, sonst gehe ich."
Der Kellner antwortet daraufhin: „Dann können Sie ja nur froh sein, sich keine Tagessuppe bestellt zu haben."

Ein Badegast ist zum ersten Mal im Urlaub in dem Gebiet und hat bezüglich der Sicherheit im Wasser einige Bedenken. Aus diesem Grund wendet er sich an den Bademeister und fragt ihn: „Erlauben Sie mir eine Frage. Gibt es in den Gewässern hier Quallen, Seeigel oder auch Piranhas?"
Der Bademeister schüttelt seinen Kopf und antwortet:
„Nein, machen Sie sich keine Sorgen. Die werden alle von den Haien gefressen."

Es ist wieder einmal so weit – die Fußballweltmeisterschaft der Tiere ist im vollen Gange. Im Halbfinale treffen die Mannschaft der Elefanten und die Mannschaft der Mäuse aufeinander. Während sie den Ball in der ersten Halbzeit hin und her spielen, scheint alles gut zu sein. Nach der Pause geht es in die zweite Halbzeit. Einer der Spieler aus der Mannschaft der Elefanten passt nicht auf und zertritt bei dem Versuch den Ball zu schießen, einen Spieler aus der Mannschaft der Mäuse. Die Zuschauer sind entsetzt, doch der Trainer der Mäuse beruhigt den Trainer der Elefanten:
„Macht nichts – das hätte uns auch passieren können."

Die Mutter und der Vater haben bereits drei Kinder, erwarten aber in Kürze ihr viertes Kind. Als es soweit ist und die Mutter ins Krankenhaus geht, um das Kind zur Welt zu bringen, möchte der Vater den Kindern nichts sagen, sondern ihnen eine Überraschung machen. Aus diesem Grund erzählt er ihnen:
„Kinder – eure Mutter ist beim Zahnarzt."
Die Kinder nicken und denken sich nichts weiter dabei.
Am nächsten Tag holt der Vater seine Kinder wieder alle zusammen zu sich und verkündet ihnen nun endlich die Nachricht:
„Kinder, heute Nacht ist euer Geschwisterchen auf die Welt gekommen."
Die Kinder freuen sich, doch dann hört eines der Kinder auf zu Jubeln. Es wird ernst, schaut seinen Vater an und sagt: „Aber Papa – das müssen wir ganz schnell der Mama sagen, die ist doch noch beim Zahnarzt!"

Ein Mann muss mit seinen beiden schweren Koffern zum Bahnhof gehen. Allerdings wiegen diese sehr viel und er schafft es nicht, diese zu tragen. Aus diesem Grund wendet er sich an einen Taxifahrer, welcher am Straßenrand mit seinem Taxi steht und freie Kapazitäten zu haben scheint. Er fragt:
„Wie viel nehmen Sie für eine Fahrt zum Bahnhof?"
Der Taxifahrer legt seine Zeitung beiseite und antwortet: „10 Euro."

Der Mann nickt und fragt weiter: „Und wie viel kosten die beiden Koffer?"

Der Taxifahrer erwidert: „Gar nichts."

Der Mann freut sich und sagt: „Super, dann fahren Sie doch bitte schnell die beiden Koffer zum Bahnhof. Ich komme zu Fuss."

Drei Freunde sind auf der Durchreise und sehen, dass es bereits dunkel wird. Aus diesem Grund beschließen sie, erst einmal nicht weiter zu gehen, sondern in einem Hotel zu übernachten. Als sie an der Rezeption nach drei Zimmern fragen, antwortet die Rezeptionistin:

„Ich habe zwei normale Zimmer frei, im dritten spuckt es jedoch."

Die drei Freunde unterhalten sich und Karl übernimmt es, sich in das Spuckzimmer zu legen, da er keine Angst hat.

Als Karl gerade die Augen zumacht, um einzuschlafen, hört er aus der Ecke des Zimmers eine Stimme:

„Ich nehme dich, dann schäle ich dich und am Ende esse ich dich."

Er schreckt erschrocken aus seinem Bett hoch und rennt zu seinem Freund Heinz, um ihm von seinem Erlebnis zu erzählen.

Heinz bietet ihn an mit ihm zu tauschen und legt sich in das Spuckzimmer.

Auch er möchte gerade einschlafen, als auch ihm die Stimme aus der Ecke des Zimmers ertönt. Sie sagt:

„Ich nehme dich, ich schäle dich und am Ende esse ich dich."

Heinz ist das Ganze auch nicht geheuer und rennt zu Lukas. Er bietet seinem Freund an das Zimmer zu tauschen und legt sich nun als dritter in das Spuckzimmer.

Auch er hört kurz vor dem Einschlafen die Stimme aus der Zimmerecke:

„Erst nehme ich dich, dann schäle ich dich und am Schluss esse ich dich."

Anders, als seine beiden Freunde, rennt er nicht direkt schreiend aus dem Zimmer.

Er steht auf und macht das Licht an.

In der Ecke sieht er einen Affen mit einer Banane sitzen und sagen:

„Ich nehme dich, schäle dich und esse dich."

Im Sportunterricht machen die Kinder gerade mit ihrem Lehrer Gymnastik. Es ist sehr anstrengend und die Kinder schwitzen stark. Der Lehrer prüft, ob auch wirklich alle Schüler aktiv am Unterricht teilnehmen und bemerk auf einmal hinten in der Ecke etwas. Er sagt:
„Hey! Du da hinten, mit den roten Haaren. Mach auch mit!"
Die anderen Schüler schauen sich verwundert um und sehen keinen rothaarigen Mitschüler. Daraufhin meldet sich einer der Schüler zu Wort und merkt an:
„Herr Lehrer, das ist doch ein Hydrant!"
Der Lehrer erwidert daraufhin:
„Das ist mir vollkommen egal. Hier macht jeder mit. Auch Akademiker-Kinder."

Die Mutter kauft ihrem Sohn Leon einen Donut. Er kann es kaum abwarten ihn zu essen und hält ihn bereits in seinen Händen. Die Mutter fragt ihn:
„Lässt du mir ein kleines Stück zum Probieren übrig?"
Leon nickt und sagt: „Klar Mama. Du darfst sogar das ganze Loch haben."

Zwei Kumpels treffen sich im Supermarkt. Beide sind nicht dafür bekannt, dass sie füreinander einkaufen gehen. Aus diesem Grund sind sie umso mehr überrascht, als sie sich im Supermarkt über den Weg laufen.
Sie sprechen sich auf diese Tatsache an und der erste Freund antwortet:
„Meine Frau liegt mit Fieber im Bett und kann aus diesem Grund nicht einkaufen gehen."
Der zweite Freund antwortet: „Verstehe. Nett von dir, dass du einkaufen gehst."
Der erste Freund erwidert: „Und wieso gehst du einkaufen?"
Daraufhin erklärt ihm der zweite Freund: „Meine Frau liegt Zuhause und hat sich beide Beine gebrochen."
Der erste Freund ruft aus: „Oh nein! Die Arme."
Der zweite Freund schüttelt seinen Kopf und sagt: „Nein – nicht die Arme! Die Beine!"

Drei Küken watscheln gemeinsam durch die Wüste. Um sich nicht zu verlieren, laufen sie der Reihe nach hintereinander her. Während sie durch die Wüste laufen, unterhalten sie sich.
Das erste Küken, welches ganz vorne läuft und den Zug der Küken anführt, sagt:
„Hinter mir laufen zwei Küken und vor mir läuft kein Küken."
Das zweite Küken hingegen sagt:
„Vor mir läuft ein Küken und hinter mir läuft auch ein Küken."
Das letzte Küken in der Reihe sagt:
„Vor mir sind zwei Küken und hinter mir ist ein Küken."
Was ist passiert?
Ganz einfach – das letzte Küken lügt.

Frau Benz und Herr Benz haben einen heftigen Streit. Die Ehefrau sagt zu ihrem Mann:
„Mir reicht es jetzt. Ich rede nicht mehr mit dir!"
Herr Benz antwortet: „Und ich nicht mir mit dir. Ich schreibe jetzt nur noch Zettel."
Wenig später, als es an der Zeit ist, schlafen zu gehen, schreibt Herr Benz seiner Frau einen Zettel. Auf diesen schreibt er:
„Kannst du mich morgen bitte um 5.00 wecken, damit ich rechtzeitig zur Arbeit komme?"
Seine Frau liest den Zettel und nickt mit dem Kopf.
Am nächsten Morgen wacht Herr Benz von alleine um 9.00 Uhr auf. Er dreht sich zu der Seite, auf welcher seine Frau immer

liegt. Dort liegt ein Zettel und auf diesem steht:
„Jetzt steh endlich auf, du Schlafmütze. Es ist bereits 5.00 Uhr."

Eine Mutter schwimmt mit ihren jungen Fischen durch die Meere
und zeigt ihnen die Umwelt, in welcher sie leben. Sie sehen viele
unterschiedliche Pflanzen und auch zahlreiche andere Fische.
Als sie während ihres Spazierganges auf ein U-Boot stoßen,
haben sie Angst. Die Mutter versucht daraufhin, ihre Kinder zu
beruhigen und sagt:
„Keine Sorge meine Kinder, das ist nichts Schlimmes. Das sind
einfach Menschen in Dosen."

Drei Mäuse treffen sich in einem Käserestaurant, wo sie sich
immer einmal im Monat treffen und unterhalten sich. Sie reden
über ihr Erlebnisse und die erste Maus sagt:
„Ich bin die coolste Maus unter allen. Immer, wenn ich eine
Mausefalle sehe, laufe ich hin, klaue mir das Stück Käse und
dann trainiere ich meine Muskeln mit dem Stab der Mausefalle."
Die anderen beiden Mäuse sind jedoch nicht sonderlich
beeindruckt, sondern geben ebenfalls mit ihren Erlebnissen an.
So sagt die zweite Maus:
„Das ist gar nichts. Wenn die Besitzerin des Hauses, in welchem
ich wohne, das Rattengift auf dem Boden verstreut, hole ich den
Staubsauger und sauge es vollkommen auf."
Die dritte Maus ist gelangweilt von den Erzählungen der anderen
Mäuse und isst das letzte Stück von seiner Käseplatte. Dann
sagt sie:
„Ach hört doch auf. Das ist mir echt zu blöd. Ich gehe jetzt nach
Hause, die Katze verschlingen."

Zwei Jungs waren zusammen auf einer Halloweenparty und sind
nun auf dem Weg nach Hause. Da keine Busse mehr fahren und
sie nicht weit laufen wollen, beschließen sie sich dazu, eine
Abkürzung zu nehmen. Diese führt sie allerdings an dem
Friedhof der Stadt vorbei. Da sie beide vor dem jeweils anderen
nicht zugeben wollen, dass sie Angst haben, beschließen sie, die
Abkürzung zu nehmen. Während sie über den Friedhof laufen,
hören sie auf einmal ein gruseliges Klopfen. Als sie das hören,

erschrecken sich die beiden Jungs zu Tode und schauen sich besorgt auf dem Friedhof um.

Einer der beiden Freunde sagt zu dem anderen: „Oh nein! Das ist bestimmt das Gespenst!"

Der zweite Freund sagt: „Lass uns lieber ganz schnell wieder gehen."

Sie laufen schneller und kommen an einem Grabstein vorbei. Aus diesem sehen sie einen Mann sehen, der auf einem der Grabsteine sitzt und mit einem Meißel etwas in diesen haut. Die beiden Jungs atmen erleichtert auf, da sie merken, dass das Klopfen von dem Mann stammt.

Sie sprechen ihn an und fragen ihn: „Was machen Sie denn da auf dem Grabstein?"

Der Mann antwortet: „Die Idioten haben meinen Namen falsch geschrieben."

Herr Dick unterhält sich mit Herr Doof, welcher ein Handy in seinen Händen hält. Er fragt ihn:

„Was machst du denn da mit deinem Handy?"

Herr Dick antwortet ihm daraufhin:

„Ich versuche gerade, Spiderman anzurufen, doch der hat anscheinend kein Netz."

Zwei Kerzen in einem Restaurant treffen sich und kommen ins Gespräch. In diesem Zusammenhang fragt die weiße Kerze die rote Kerze: „Und, was machst du heute noch so?"

Daraufhin antwortet die rote Kerze: „Ach, ich denke ich gehe heute noch aus."

Nachdem er sich brav an der Schlange angestellt hat, ist endlich Herr Müller dran und wendet sich hilfesuchend an den Angestellten. Er schildert ihm sein Problem und sagt:

„Herr Optiker, ich brauche Ihre Hilfe. Seit einiger Zeit sehe ich so schlecht, dass ich glaube, eine Brille zu brauchen."

Der Angestellte nickt verständnisvoll und erwidert:

„Das glaube ich allerdings auch. Allerdings kann ich Ihnen leider nicht helfen, mein Herr. Sie befinden sich hier in einer Bank."

Zwei Freunde haben sich vor einigen Wochen in der Wüste
verloren. Zum Glück waren sie auf eine lange Reise vorbereitet
und haben sich viel Proviant für ihren Ausflug mitgenommen. Der
Freund, welcher die ganze Zeit über den Rucksack mit dem
Proviant getragen hat, wendet sich an seinen Freund und sagt:
„Ich habe eine gute und eine schlechte Nachricht für dich.
Welche möchtest du zuerst hören?"
Der zweite Freund antwortet: „Die schlechte Nachricht."
Der erste Freund sagt: „Unser gesamter Proviant ist alle und wir
müssen von heute an Sand essen."
Der zweite Freund wundert sich und sagt: „Und was ist die gute
Nachricht?"
„An Sand mangelt es uns in der Wüste nicht!"

Ein Mann ist mit seinem Auto auf der Straße in der Innenstadt
unterwegs und hält an der Ampel an. Zu seiner Linken sieht er
eine schöne Frau an dem Steuer des anderen Autos sitzen und
lässt sein Fenster herunter. Auch die Frau macht es ihm nach
und lässt die Scheibe herunter. Sie lächelt den Mann an, welcher
sie daraufhin anspricht und sagt:
„Na, auch gepupst?"

Die Pferde treffen sich alles zusammen in ihrem Gehege im Zoo und tauschen sich über den neuesten Klatsch des Tages aus. Sie lästern immer sehr viel über die anderen Tiere, wenn sie sich gemeinsam unterhalten. Als sie sich gerade über den neuesten Klatsch unterhalten unterbricht das geschwätzigste Pferd die anderen und sagt:
„Es ist wirklich unglaublich. Es ist jetzt schon fast 15 Uhr und das Zebra ist immer noch in seinem Pyjama."

In der Schule haben die Kinder gerade Deutschunterricht. Die Lehrerin möchte, dass ihre Schüler einen Aufsatz schreiben und gibt ihnen als Thema „Mein Pony." Lisa freut sich und ist bereits nach einer Minute mit dem Aufsatz fertig. Sie gibt ihrer Lehrerin das Heft und geht aus dem Klassenzimmer. Die Lehrerin wundert sich und schaut nach, um zu sehen, was Lisa in der kurzen Zeit geschrieben hat. Als sie das Heft öffnet steht dort unter der Überschrift „Mein Pony": Wir besitzen keins.

Das Fußballspiel im Stadium ist gerade im vollsten Gange. Der Schiedsrichter trifft, laut der Meinung der Zuschauer eine falsche Entscheidung. Wenig später schmeißt einer der Zuschauer eine Flasche auf das Fußballfeld. Der Schiedsrichter wird sauer und schreit:
„Was soll das denn?"
Der Mann, welcher die Flasche auf das Fußballfeld geworfen hat, erwidert:
„Damit Sie nicht alleine sind."

Peter und Rita sind Geschwister. Die Mutter hat am Nachmittag einen Kuchen gebacken. Der schmeckt so gut, dass er bereits fast alle ist. Es ist nur noch ein letztes Stück übrig und Peter und Rita würden dieses gerne essen. Aus diesem Grund streiten sie sich.
Die Mutter ist die ständigen Streitereien der Geschwister satt und sagt:
„Könnt ihr euch nicht einmal einig sein?"
Die beiden antworten: „Sind wir doch. Wir wollen beide dasselbe Stück Kuchen."

Thomas und sein Vater sitzen am Tisch. Sie unterhalten sich, bis Thomas seinem Vater eine Frage stellt. Er fragt: „Papa, gibt es eigentlich auch unsichtbare Menschen?"
Der Vater legt seine Zeitung beiseite, zuckt mit den Schultern und antwortet:
„Keine Ahnung – ich habe noch nie einen gesehen."

In einem Flugzeug waren vier Passagiere. Das Flugzeug startete und es war alles in Ordnung. Auf einmal kam jedoch von dem Piloten die Durchsage, dass das Flugzeug am Abstürzen war, es aber nur drei Fallschirme an Bord des Flugzeuges gab. Die Passagiere wurden hektisch und fingen an zu streiten.
Der erste Passagier schnappte sich einen der Fallschirme und sagte:
„Ich bin ein bekannter Rockstar und meine Fans brauchen mich. Ich kann nicht sterben."
Dann sprang er aus dem Flugzeug.
Der zweite Passagier nahm sich den zweiten Fallschirm und sagte:
„Ich bin der klügste Mann der Welt. Die Menschen können nicht auf mich verzichten. Aus diesem Grund muss ich mich mit einem Fallschirm retten. Er sprang aus dem Flugzeug.
Die letzten beiden Passagiere im Flugzeug waren ein junger und ein alter Mann. Der alte Mann sagt zu dem jungen Mann: „Mein Junge, nimm du den Fallschirm. Du bist noch jung und hast dein gesamtes Leben noch vor dir."
Der Junge schüttelt daraufhin seinen Kopf und sagt: „Das ist nicht nötig. Der klügste Mann der Welt hat an der Stelle des Fallschirms meinen Rucksack genommen."

Ein Deutscher, ein Franzose und ein Italiener treffen sich und kommen miteinander ins Gespräch.
Sie unterhalten sich über ihre Sprachen und darüber, wie sie bestimmte Dinge aussprechen.
Der Italiener sagt: „Bei uns schreibt man „Non lo capisco" und spricht es ganz anders aus."

Der Franzose merkt an: „Bei uns ist es ähnlich. Wir schreiben „Je ne comprends pas ça", sprechen es aber ganz anders aus.
Der Deutsche lacht und sagt: „Ach, bei uns ist das alles noch schwerer. Wir schreiben „Ich verstehe das nicht" und sagen „häää?"…"

Literaturverzeichnis/Quellen

https://www.raetseldino.de/scherzfragen-kinder.html

https://www.aberwitzig.com/scherzfragen.php

https://www.scherzfragen.org/scherzfragen-fuer-kinder

https://www.grundschule-arbeitsblaetter.de/raetsel/scherzfragen/

http://www.raetselwahn.de/scherzfragen-fuer-kinder/scherzfragen-kinder-007/

https://www.lachmeister.de/lustige-sprueche/kinder/index.html

https://www.aberwitzig.com/einfache-witze.php

https://www.junior.de/heft/witze.php?paginate=1&page=16&

https://www.brigitte.de/familie/haben-wollen/kinderwitze-die-besten-witze-fuer-kinder-10912226.html

http://www.labbe.de/zzzebra/index.asp?themaid=621&titelid=2415

https://www.spick.ch/dein-spick/witze/

sämtliche Bilder entstammen der Webseite:
https://www.canva.com/

Rechtliches

Impressum

Mamibody wird vertreten durch

Silke Richter

Silberbuck 7

79189 Bad Krozingen

Deutschland

Disclaimer:

Die Inhalte dieses Buches wurden mit größtmöglicher Sorgfalt erstellt. Der Anbieter übernimmt jedoch keine Gewähr für die Richtigkeit, Vollständigkeit und Aktualität der bereitgestellten Inhalte. Die Nutzung der Inhalte erfolgt auf eigene Gefahr des Nutzers

Printed in Poland
by Amazon Fulfillment
Poland Sp. z o.o., Wrocław

74601640R00087